MICK JAGGER

O MITO

© 2013 by Universo dos Livros
Todos os direitos reservados e protegidos pela
Lei 9.610 de 19/02/1998.
Nenhuma parte deste livro, sem autorização prévia
por escrito da editora, poderá ser reproduzida ou
transmitida sejam quais forem os meios emprega-
dos: eletrônicos, mecânicos, fotográficos, gravação
ou quaisquer outros.

1ª edição – 2013

Dados Internacionais de Catalogação na Publicação (CIP)
Angélica Ilacqua CRB-8/7057

M569

    Mick Jagger: o mito / elaborado pela equipe Universo
    dos Livros. – São Paulo: Universo dos Livros, 2013.
    208 p. : il.

    ISBN: 978-85-7930-541-2

    1. Jagger, Mick, 1943 - Biografia 2. Música 2. Rolling
    Stones (conjunto musical) 3. Rock

13-0668   CDD 782.42166

Diretor editorial
Luis Matos

Editora-chefe
Marcia Batista

Assistentes editoriais
Raíça Augusto
Raquel Nakasone

Organização
Pedro Zambarda de Araújo

Preparação
Marina Constantino

Revisão
Ana Luiza Candido
Rodolfo Santana

Arte
Francine C. Silva
Valdinei Gomes

Arte da capa
Zuleika Iamashita

Foto da capa
Kevin Winter/Getty Images

Universo dos Livros Editora Ltda.
Rua do Bosque, 1589 • 6º andar • Bloco 2 • Conj. 603/606
Barra Funda • CEP 01136-001 • São Paulo • SP
Telefone/Fax: (11) 3392-3336
www.universodoslivros.com.br
e-mail: editor@universodoslivros.com.br
Siga-nos no Twitter: @univdoslivros

MICK JAGGER

O MITO

São Paulo
2013

UNIVERSO DOS LIVROS

SUMÁRIO

INTRODUÇÃO ··· 06

CAPÍTULO 1: HONEST, I DO ······························ 10

CAPÍTULO 2: CAUSE I TRY, AND I TRY, AND I TRY ·········· 42

CAPÍTULO 3: IT'S ONLY ROCK'N'ROLL (BUT I LIKE IT) ·········· 70

CAPÍTULO 4: DIRTY WORK ·································· 102

CAPÍTULO 5: A BIGGER BANG ························· 128

CONCLUSÃO: OUT OF CONTROL ···················· 174

DISCOGRAFIA ·· 180

FORMAÇÕES DOS ROLLING STONES ·············· 204

REFERÊNCIAS ·· 206

INTRODUÇÃO

— Há quanto tempo você canta?

— Dois anos.

— Por mais quanto tempo você acha que será um astro do rock?

— Não sei, não pensei que duraria nem dois anos. Quando começamos, não pensei que faríamos tanto sucesso. Já estamos gravando discos há dois anos e ainda se referem a nós como um grupo novo. Sei lá, honestamente, com tranquilidade, por mais um ano, pelo menos.

> Essa entrevista, feita com Mick Jagger na década de 1960, pode ser conferida no documentário *Shine a Light* (2008), dirigido por Martin Scorsese.

★

Ele é um cantor que rebola diante do público, dançando e gesticulando. Sua boca, com enormes lábios, não apenas emite os sons das letras de suas composições, mas faz interpretações únicas e improvisadas ao vivo. Em um palco, diante do público, ele se comporta como líder de uma banda que provoca intensas sensações.

Ele já foi casado duas vezes, mas teve inúmeras namoradas e casos extraconjugais. Mesmo beirando os setenta anos, Mick Jagger se move com uma flexibilidade surpreendente para sua idade.

Sua carreira revela um projeto de música – e de rock'n'roll – construído com os Rolling Stones ao longo de cinquenta anos.

Mick é o rosto da banda, a atitude rebelde do rock e a conexão dos músicos com a plateia, além de ser símbolo da contracultura e da invasão britânica iniciada pelos Beatles.

É impossível não vibrar com "(I Can't Get No) Satisfaction", música sempre embalada pelas performances de Mick. "Há algo de sexual entre a plateia e a banda", ele afirmou em 1965. Em setembro do mesmo ano, a música chegou ao primeiro lugar mundial. Se as danças de Mick Jagger eram cativantes, a guitarra solo simples e limpa de Keith Richards fazia o par perfeito.

"Há algo de sexual entre a plateia e a banda."

O rosto dos Rolling Stones não ficou imune ao abuso de drogas, aos problemas de ego entre os integrantes da banda e nem às crises que quase deram fim ao grupo. Mick Jagger e o guitarrista Keith Richards, por exemplo, são dois polos de conflito dentro dos Stones, tanto pela afinidade nas composições quanto pela vida pessoal de ambos, que envolvem atritos particulares, velados e com muitas versões da mesma história.

Hoje, os Stones são uma fábrica de grandes shows, com uma produção que dá todo suporte para que os clássicos dos anos 1960 soem frescos e tecnicamente modernos. A banda é responsável por uma página na história do rock'n'roll e permanece influenciando músicos que fizeram sucesso nos anos 1970, 1980, 1990 e até no novo milênio.

Mick Jagger foi tão influente que vários cantores copiaram seu estilo andrógino de se portar no palco, com gestos afetados, atraindo as atenções de todos com seu inegável apelo sexual. O cantor dos Rolling Stones também consolidou a importância de um vocalista líder, influente nas composições e na forma como o grupo se apresenta ao vivo.

Escrever uma biografia sobre esse ícone é um trabalho que exige extensa pesquisa, pois muitos jornalistas já tentaram percorrer sua trajetória, investigar sua intimidade e ordenar suas histórias pessoais. As principais fontes utilizadas foram o livro escrito pelo jornalista Philip Norman, que trabalhou no *Sunday Times* cobrindo a trajetória dos Beatles, e a autobiografia de Keith Richards *Vida*, escrita com o jornalista James Fox. Embora tenha brigado em muitas ocasiões com Mick Jagger, o guitarrista dos Rolling Stones oferece uma visão muito íntima do cantor, da sua carreira e do seu talento.

> James Fox trabalhou na publicação *Sunday Times* e também como correspondente na África. Ele conheceu o guitarrista Keith Richards no começo dos anos 1970.

Este livro apresenta um panorama similar ao de outras biografias sobre Mick Jagger, mas também tenta estabelecer relações com movimentos musicais que ocorreram ao longo desses cinquenta anos de carreira e com outras bandas que conviveram com o cantor, e ainda trazer detalhes sobre a Londres que fez os Rolling Stones estourarem. As críticas de Keith Richards, o maior parceiro musical de Mick, estão registradas nestas páginas, como um contraponto ao mito que se formou em torno do cantor.

Esta é uma biografia que percorre as histórias musicais de Mick Jagger, os escândalos dos bastidores e a trajetória de vida que se construiu ao redor da figura lendária do rockstar. Ele é o líder da banda consagrada como a responsável por uma das maiores turnês mundiais, que revolucionou a história do rock, que influenciou gerações ao longo dos anos e que ainda hoje é dona dos shows de maior faturamento do mundo. Jagger e os Stones são histórias que se entrelaçam, se misturam e se explicam. A biografia de Mick Jagger é uma história sobre dominar o palco e o público.

CAPÍTULO 1: HONEST I DO

O nascimento de Mick Jagger em Dartford. O início de sua amizade com Keith Richards. A habilidade de Brian Jones. A mudança para Londres. A criação dos Rolling Stones em um telefonema. Os primeiros shows. Turnês no Reino Unido. A viagem aos Estados Unidos que mudou suas carreiras. A primeira fase da banda como intérprete de blues.

Michael Philip "Mick" Jagger nasceu no dia 26 de julho de 1943 em uma cidade da Inglaterra chamada Dartford, local que tem história no comércio de viajantes e peregrinos. No século XII, cavaleiros da famosa Ordem dos Templários tomaram a região. No século XIV, frades das Ordens Franciscana e Dominicana detinham tanto poder político quanto os mercadores.

Dartford fica no condado de Kent, uma das regiões da Inglaterra mais próximas da França, no continente europeu. A área foi fortificada durante o século XVII, como proteção contra o poder militar de franceses e holandeses. Durante a Segunda Guerra, Kent foi palco da Batalha da Grã-Bretanha entre julho e outubro de 1940. Em três meses de conflito, nazistas e britânicos demonstraram seu poderio aéreo. No fim, a Royal Air Force (RAF) venceu e garantiu a superioridade inglesa, mudando o equilíbrio de forças na Segunda Guerra Mundial. A Dartford em que Jagger nasceu já estava

> As vitórias inglesas impediram o avanço de Hitler no oeste, mas a força dos russos em Stalingrado também contribuiu para o fim da Segunda Guerra Mundial. O inverno russo retardou a estratégia militar dos nazistas, que pretendiam dominar a União Soviética antes da chegada da neve.

completamente industrializada e tinha sofrido com o fim da guerra, marcado por embates entre ingleses e nazistas.

Apesar da importância histórica, Kent tem criminalidade alta e uma população muito mais humilde do que outras regiões da Inglaterra. É alta a incidência de roubos de cargas nas estradas.

O pai de Mick Jagger, Basil Fanshawe "Joe" Jagger, era professor. Nasceu em 1913, em Yorkshire, e era filho de um diretor de escola, David Jagger. Joe se formou nas universidades de Manchester e de Londres. Era bom em esportes de campo e pista, e tinha talento para ginástica. A mãe de Mick, Eva Ensley Mary, era cabeleireira e ativista engajada do Partido Conservador, diferentemente do marido, que não se preocupava muito com política. Os dois se conheceram em meados de 1940, no começo da Segunda Guerra Mundial. Eles decidiram se casar no dia 7 de dezembro daquele ano, mesmo com os bombardeios nazistas que passavam perto de Dartford na época. Por conta da guerra, Joe trabalhou no reassentamento das crianças evacuadas da capital Londres.

O jovem futuro músico nasceu no seio de uma família de classe média, em uma cidade industrializada e afetada pelo conflito mundial que chegara até o Reino Unido. Quando Mick Jagger nasceu, em 1943, seus pais já tinham trinta anos. O parto ocorreu no Dartford Livingstone Hospital, no dia dos aniversários do escritor irlandês George Bernard Shaw, do psicoterapeuta e psiquiatra suíço Carl Jung e do escritor de ficção científica inglês Aldous Huxley.

Desde pequeno, Mick sempre gostou de cantar. Quando garoto, participava do coral da igreja e apreciava as rádios BBC e Luxembourg. Era também o mais velho entre os dois filhos de Joe e Eva. Seu irmão, Chris Jagger, nasceu no dia 19 de dezembro de 1947 e era, portanto, quatro anos mais novo. Chris seguiu a carreira do pai e se tornou professor.

Em setembro de 1950, Mick estudava na Wentworth Primary School. Tinha apenas sete anos de idade, mas já era apaixonado pela

> George Bernard é autor de *Pygmalion* e de comédias satíricas, além de um socialista crítico da exploração dos trabalhadores de sua época.

> Autor do livro *O homem e seus símbolos*, que reúne artigos publicados ao longo de sua vida. Foi discípulo de Sigmund Freud e formalizou a teoria sobre os arquétipos, que ajudou a fundar a psicologia contemporânea.

> Autor de *Admirável Mundo Novo*, de 1932, livro de ficção futurista que previa uma sociedade vivendo a perfeição, com tecnologias de reprodução e controle psicológico. Huxley escreveu uma distopia.

música e pelos programas de rádio e TV que assistia. Foi em Wentworth, no ano de 1950, que Jagger conheceu um rapaz um pouco diferente dele, mas que seria um de seus maiores parceiros: Keith Richards.

★

Os dois moravam muito próximos, mas como ainda eram crianças, o contato entre eles não foi direto nos primeiros anos, pois suas famílias mudaram-se para outros lugares de Dartford, separando temporariamente a dupla que formaria uma das maiores bandas de rock do mundo. "Mick e eu só nos conhecemos porque aconteceu de morarmos muito perto, apenas a poucas portas de distância, e também porque estudamos alguns anos na mesma escola", explica o guitarrista em um depoimento de sua autobiografia.

"Não me lembro de quando não o conhecia. Morávamos uma quadra abaixo um do outro; a mãe dele conhecia minha mãe, e frequentamos a escola primária juntos, dos sete aos onze anos. Costumávamos tocar juntos, não éramos os amigos mais próximos do mundo, mas éramos amigos", disse Mick Jagger à revista *Rolling Stone* em 1995, sobre as mais antigas recordações do primeiro guitarrista de sua banda. O relacionamento de ambos se tornaria, mais tarde, uma parceria musical extensa e rica em composições.

Keith personificava, em parte, a Dartford onde Mick Jagger cresceu. Se os pais de Mick eram da classe média, Keith Ricards cresceu com um pai operário de fábrica, que foi ferido durante a Segunda Guerra Mundial em decorrência da invasão da Normandia. O conflito ocorreu no norte da França entre tropas canadenses, britânicas, norte-americanas e francesas contra os nazistas.

Os avós de Keith, por sua vez, eram socialistas vindos do País de Gales. O avô materno do futuro músico era Augustus Theodore Dupree, que tinha uma banda de jazz chamada Gus Dupree and His Boys. Augustus fez turnê pela Grã-Bretanha e acabou alimentando o gosto do neto pela guitarra elétrica, que se tornaria seu instrumento musical inseparável no rock'n'roll.

Keith começou a parceria com o instrumento de seis cordas em um violão de cordas de tripa. Embora suas linhas de guitarra sejam destaque nas músicas dos Stones, desde o começo ele sempre foi um instrumentista mais discreto do que Mick Jagger era no palco. O guitarrista sempre preferiu tocar isolado, com uma certa independência das extravagâncias do vocalista.

Antes de conhecer Mick, Keith Richards viveu a infância em Dartford, em um bairro diante do rio Tâmisa, perto de Londres. A capital britânica ainda seria moradia para os dois jovens, que ainda não sabiam que se tornariam músicos. "O fato de eu não poder comprar um pacotinho de balas até 1954 diz muito sobre as reviravoltas e mudanças que duram tanto tempo após uma guerra", explica Keith em sua autobiografia.

Mick passou no ElevenPlus, exame do último ano da educação primária, e foi admitido na Dartford Grammar School aos onze anos de idade. Seu pai ficou feliz porque a instituição era a melhor escola do distrito, com os mesmos padrões de Eton e Harrow, escolas caras na época. Isso separou temporariamente os garotos Mick e Keith. "Eu sempre soube onde ele morava, porque minha mãe nunca perdia contato com ninguém, e ela sabia para onde eles tinham se mudado. Eu costumava vê-lo voltar pra casa após a escola, que era a menos de uma milha de onde eu morava", disse Mick Jagger à *Rolling Stone* de 1995.

> Teste realizado na Inglaterra no final do Ensino Primário (faixa etária de 11 a 12 anos), para que os jovens ingressem no Ensino Secundário em diferentes escolas no Reino Unido.

Na escola, Mick Jagger era bom no estudo de língua inglesa, falava francês com um sotaque melhor do que o de seus colegas, mas gostava mesmo era de história graças a um professor chamado Walter Wilkinson. No entanto, era relapso e tinha desempenho regular em matérias de exatas e de ciências, como química, matemática e física. Essas disciplinas eram entediantes para o jovem que se tornaria o vocalista dos Rolling Stones. Esportes também não eram atraentes para Mick, apesar da formação atlética de seu pai.

Seu pai, aliás, seria uma personalidade influente em sua formação. Joe era profundamente moralista e tradicional em comparação a outras famílias inglesas. Isso tornava a formação de Mick muito diferente da de seu amigo Keith Richards. Diz o biógrafo Philip Norman: "Ter um pai tão próximo do mundo do ensino significava que para Mike [Mick Jagger] a libertação diária da escola não era tão completa como para outros garotos".

Apesar de ser magro (quase esquelético) e pequeno, desde jovem Mick fazia sucesso com as garotas, com as quais se encontrava em segredo. No entanto, sua aparência provocava problemas com outros colegas. Seus lábios grandes e grossos davam a entender que Mick Jagger tinha algum parente negro. O Reino Unido, naquele tempo, era um país preconceituoso, assim como vários outros lugares no mundo todo.

Ainda em meados dos anos 1950, Mick Jagger ganhou um violão dos pais, que adquiriram o instrumento na Espanha, em uma viagem de família. Na época, o cantor já ouvia Elvis Presley, artista que seria seu antecessor direto na linhagem dos cantores performáticos do rock'n'roll. Por ter ganhado esse violão, Mick não cedeu à tentação de tocar *skiffle*, gênero musical que nasceu durante a Grande Depressão de 1930 nos Estados Unidos, e que era tocado com tábuas de passar roupa, colheres e tampas de latas de lixo. Esse estilo musical quase eclipsou totalmente o rock na Inglaterra, porque era um tipo de música mais bem aceito entre os brancos pobres europeus.

O primeiro concerto de rock que Mick viu na vida foi na turnê de 1958 do músico Buddy Holly, do qual faria covers e versões das músicas anos depois. Nessa época, Mick Jagger já sabia imitar os tiques vocais do músico, considerados engraçados na época. O show aconteceu no dia 14 de março no cinema Granada, em Woolwich, no norte de Dartford. Buddy Holly e os Crickets ficaram no palco menos de meia hora diante de Mick e de seus amigos de escola.

> Buddy Holly é um dos ícones do rock dos anos 1950, criador de hits como "Peggy Sue" e "That'll Be the Day". Holly, cujo nome de batismo é Charles Hardin, nasceu em Lubbock, no estado americano do Texas, e foi criador da onda de canções de amor que marcaram o começo da carreira dos Beatles e dos Rolling Stones, com composições simples e sobre temas adolescentes. Holly começou a fazer sucesso pouco antes de morrer. O compositor faleceu em um acidente de avião, no dia 3 de fevereiro de 1959. Bandas dos anos 2000, como Weezer, ainda homenageiam o legado de Buddy Holly na criação do rock'n'roll.

A banda do roqueiro contava com apenas um amplificador de 20 watts, mas que conseguia reproduzir os principais sucessos da época.

Depois do show, Mick tentou cantar nas bandas de *skiffle* e de rock da escola, mas não teve sucesso, porque as pessoas não conheciam seus talentos vocais. O futuro Stone então tentou entrar em uma banda chamada Danny Rogers e Realms, um grupo de rock que surgiu de uma banda de *skiffle* chamada Southerners. O baterista, Alan Dow, disse que não era uma boa ideia Mick Jagger cantar com o grupo.

Mick não era aceito porque ele não havia copiado Buddy Holly na característica mais essencial: Holly, além de cantar de forma divertida, tocava guitarra elétrica simultaneamente às suas performances. Na época, não ter uma guitarra era uma espécie de desclassificação automática.

O blues entrou na vida de Mick Jagger através de um rapaz chamado Dick Taylor, que gostava mesmo era das origens do rock'n'roll, e não do estilo em si. "Agora ele percebia o quanto o rock era um impostor de várias maneiras; como eram insignificantes os jovens e ricos astros brancos em comparação com os músicos de blues que tinham escrito a história; a maioria deles morreu na miséria", explica o biógrafo de Mick, Philip Norman, sobre o pensamento dele naquela época.

Dessa forma, a dupla de amigos Mick Jagger e Dick Taylor passou a buscar e a revirar os álbuns do estilo disponíveis na Inglaterra. "Nós achávamos que éramos as únicas pessoas que ouviam blues na Grã-Bretanha", disse o próprio Dick sobre esse período específico da adolescência.

Em julho de 1960, dez anos após se conhecerem na escola, Mick Jagger e Keith Richards se reencontraram.

Eles também tinham desenvolvido juntos uma afeição pela música negra e pelo blues. Os fundadores dos Stones realmente só se conheceram bem nessa época. Mick tinha a discografia completa de Chuck Berry, o que impressionou Keith Richards na conversa

> Chuck Berry é chamado de pai do rock e foi um dos maiores difusores do blues pelo mundo. Além de ter sido uma das primeiras influências dos Rolling Stones, foi autor de músicas como "Roll Over Beethoven", "Rock and Roll Music" e "Johnny B. Goode". Fez shows até 2008. Ele tem 86 anos atualmente.

que travaram em uma estação de trem de Dartford. Mick estava indo para Charing Cross, em Londres, e Keith Richards estava indo para Sidcup, quatro paradas depois. O encontro foi totalmente inusitado e, apesar da intimidade entre suas famílias, eles não eram melhores amigos na época. Mas os gostos musicais foram chamando a atenção durante a conversa. Keith achava que era o único fã de Berry na cidade. "Eu tinha esses discos de rhythm and blues, que valiam muito porque não estavam disponíveis na Inglaterra na época. Aquilo foi o início. Foi como começou realmente", afirmou Mick sobre o que ele define como início de sua banda: a amizade que nasceu com Keith Richards ao dividirem seus gostos musicais.

> Keith descreve o encontro com Mick Jagger na estação de trem em uma carta para sua tia Patty, como divulgado em sua autobiografia. A carta foi encontrada no ano do lançamento do livro, em 2010.

Keith Richards sempre foi um aluno relapso na escola, mas os discos de Chuck Berry conseguiam o que parecia quase impossível na época: despertar seu interesse. O ícone do blues conseguiu também que Keith se dedicasse ao estudo da guitarra elétrica, que se tornou sua verdadeira paixão. Justamente por ser diferente de Mick nesse aspecto, a parceria foi tão frutífera.

Keith Richards não pretendia levar a carreira musical a sério. Ele achava que iria para o exército quando virasse adulto, como fizeram alguns de seus familiares. Ouvia os discos de músicos negros e tirava as músicas de ouvido apenas por diversão.

O segredo do início da amizade de tantos anos entre Mick e Keith foram as afinidades musicais e os discos em comum, que se transformaram em idas constantes aos concertos de Muddy Waters e de outros músicos. O cantor e o guitarrista ouviam bastante as músicas do momento, o que era pop e o que pertencia ao blues, a principal paixão deles na época. A sintonia de ambos foi fundamental para a criação dos Rolling Stones.

> Músico de blues que, além dos Stones, influenciou guitarristas como Eric Clapton. Morreu em 1983, aos setenta anos.

Mick Jagger então apresentou Keith ao seu círculo de amigos, que fazia reuniões em um boteco chamado Carousel, lugar que tinha uma máquina *jukebox*. A partir daquele dia, com ensaios em conjunto, Keith Richards passou a admirar a voz de Mick Jagger para o rhythm and blues. Outra inspiração dos jovens era o talento de Little Richard, um negro americano do estado da Geórgia, que começou sua carreira musical em 1951. Mick Jagger descreve bem como foram essas primeiras reuniões: "Começamos então a ir para a casa um do outro para tocar esses discos. E então começamos a ir para a casa de outras pessoas para tocar outros discos. Você sabe, é a época da sua vida em que você meio que coleciona essas coisas".

Os primeiros ensaios eram feitos com equipamentos simples. Três guitarras chegaram a ser plugadas em um único amplificador. O nome que eles tinham na época era Little Boy Blue and the Blue Boys. Keith chegou a colocar o nome Blue Boy em sua guitarra, numa referência ao pseudônimo do músico de blues Sonny Boy Williamson. O som deles ainda era distante do rock que os consagraria alguns anos depois. Mick, Keith e sua turma preferiam tocar versões alternativas e covers de seus cantores e intérpretes favoritos.

Nessa época, Mick andava com Dick Taylor, o amigo de escola primária, que tentava estudar música e até oferecia sua própria casa para os ensaios. Embora fosse um estudioso de blues eclético com os instrumentos − tocava baixo e guitarra com *slide* −, Taylor só ficaria com os Stones até 1962. Em 1963, ele formaria uma banda chamada The Pretty Things.

Um ano depois, em 1961, Mick Jagger saiu da escola e de Dartford, retirando-se do interior da Inglaterra para mudar de vida para sempre.

★

Mick se mudou com Keith Richards para um flat em Edith Grove, no número 102 do bairro de Chelsea, na área central de Londres, perto do rio Tâmisa. No coração da capital do Reino Unido, os dois amigos de escola conheceram um jovem guitarrista chamado Brian Jones. Mick Jagger foi estudar na London School of Economics,

> Sonny Boy Williamson ficou famoso tocando gaita, e pela música "Good Morning, School Girl". Nasceu em Jackson, no Tennessee, em 1914, e morreu em Chicago, no ano de 1948.

> Técnica de extrair sons utilizando um pequeno cilindro de metal ou plástico no braço do instrumento em vez da maneira tradicional, com os dedos. O estilo é muito parecido com a forma de trocar instrumentos de corda na África.

> The Pretty Things é uma banda na ativa até os dias atuais. Eles absorveram elementos do punk rock quando esse segmento musical cresceu na Europa.

> Robert Johnson nasceu em 8 de maio de 1911 e morreu em 16 de agosto de 1938, aos 27 anos. Foi um dos maiores músicos de blues, famoso pela lenda de ter vendido a alma ao demônio para tocar violão bem.

pensando em ser político ou jornalista. Já Keith Richards e Jones estavam mais dispostos a formar uma banda relevante de blues. Brian Jones apresentaria o blues de Robert Johnson para que Keith aprendesse realmente a tocar guitarra. No começo, eles eram uma banda de blues, mas, aos poucos, influências da música internacional foram alterando sua musicalidade.

"Keith e Brian não tinham mais nada pra fazer, então queriam ensaiar o tempo inteiro. Eu gostava de ensaiar uma vez por semana e então fazer um show no sábado. O show que fazíamos era de três ou quatro músicas, então não precisávamos ensaiar tanto assim", confessou Mick Jagger à revista *Rolling Stone*, em 1995, sobre os primeiros anos da banda que viria a se tornar os Stones.

Além de Richards, Brian Jones foi outro que colocou Mick Jagger no caminho da música. Jones conheceu o cantor e o guitarrista Keith em um clube chamado Ealing Jazz Club. Ao contrário dos dois e de Dick Taylor, Brian não nasceu em Dartford, mas em uma cidade chamada Cheltenham, em Gloucestershire. Jones também sabia tocar guitarra com *slide*, o que era uma novidade na época, chamando a atenção da turma de Mick Jagger. Brian Jones era conhecido pelo apelido "Elmore James loiro", porque o famoso músico negro de Chicago também usava *slide* em seus shows com a guitarra elétrica.

Ele tocou uma versão de "Dust My Broom", música composta originalmente por Robert Johnson. A versão foi tão chamativa que Mick foi conversar diretamente com ele no palco e Jones respondeu que já tinha uma banda. Mas, aos poucos, ele foi se juntando ao grupo de rapazes de Dartford.

Brian Jones é um músico eclético desde sua formação. Seus pais o incentivaram a ouvir música erudita, mas ele logo se tornou frequentador de casas de jazz e deixou os gostos de sua família de lado. Conheceu o blues, fez trabalhos braçais para pagar as contas e chegou a roubar para comprar cigarros, o que o fez ser demitido de um de seus empregos.

Em 1962, Jones tinha vinte anos e estava morando com uma garota chamada Pat Andrews. No ano anterior, eles já haviam tido seu terceiro filho, Julian Mark Andrews. Em uma noite, totalmente bêbado, Mick Jagger foi fazer uma visita ao amigo. Não o encontrou em casa, mas Pat estava lá. Mick resolveu então ter relações sexuais com a namorada do companheiro de banda.

A transa resultou na separação de Pat Andrews e Brian Jones, além de um aborrecimento pessoal entre ele e Mick. A banda nem havia começado direito, mas já existiam conflitos entre os integrantes.

Keith Richards também teve uma namorada entre 1962 e 1963. Ela se chamava Lee e tinha traços indianos. Na época, o guitarrista registrou informações de seu namoro em um pequeno diário. Lee fazia parte de um grupo de fãs que começou a acompanhar a banda depois de um show na cidade de Beckenham, ao sul do Reino Unido. Ela era menor de idade quando namorou Keith, tinha entre quinze e dezesseis anos.

★

Sem pretensões de ganhar dinheiro, os rapazes começaram a se apresentar na estação de metrô Ealing Broadway. Eles foram influenciados por um músico chamado Alexis Korner, um dos responsáveis pela difusão do blues no Reino Unido. Korner era também radialista e nasceu em Paris, na França. Veio ao Reino Unido em 1940, quando a Segunda Guerra começou a tomar a Europa. Aprendeu a tocar gaita e instrumentos típicos do jazz, aumentando o contato com o famoso rhythm and blues.

Korner recebia músicos jovens em seu apartamento na Moscow Road, em Bayswater, na cidade de Londres. O músico e sua esposa Bobbie tomavam café solúvel e ficavam discutindo sobre blues. Numa dessas conversas, Mick Jagger tentou definir esse estilo musical: "É a música da nossa classe trabalhadora".

A versão do cantor e guitarrista inglês Eric Clapton de "Crossroads" tornou-se famosa.

Ian Stewart nasceu em Pittenweem, East Neuk, em Fife, na Escócia, em 18 de julho de 1938. O músico, no entanto, cresceu no Reino Unido, em Surrey. Precoce, Stewart começou a tocar piano aos seis anos de idade. Desde novo, ele passou a se envolver com a música popular de sua época, como o jazz e o blues. Isso o aproximou dos futuros Stones.

Tony Chapman é baterista e ficou famoso em bandas como The Preachers, tocando com Peter Frampton no começo de sua carreira, no começo dos anos 1970. Antes disso, fez parte da primeira geração dos Rolling Stones, mas ele não conseguia se adequar ao estilo da banda.

O blues surgiu como uma música dos escravos negros africanos que viviam na América do Norte durante o final do século XIX. Tocadas no violão, as composições traduziam a tristeza vivida pelo povo escravizado e levado para outro continente.

Entre os primeiros nomes importantes do estilo está o de Robert Johnson, famoso pela letra e pela melodia da música "Crossroads Blues". A canção narra um encontro do músico com o diabo, que teria lhe feito uma proposta irrecusável: uma habilidade surpreendente com a música em troca de sua alma. A partir da década de 1950, Muddy Waters ganhou fama e passou a adotar a guitarra elétrica e a gaita como instrumentos de destaque. Waters é o autor de uma música chamada "Rollin' Stone", sobre o nascimento de um menino que seria resistente como "uma pedra rolante".

Como os garotos estavam fazendo blues, o estilo exigia que tivessem nomes apropriados. Na época, Mick Jagger era chamado de Mike. Esse nome era associado à classe alta, e não parecia se conectar com a música que eles pretendiam fazer. Quem mudou a forma pela qual o vocalista era chamado foi Keith Richards, transformando-o em Mick – um nome proletário e grosseiro, que combinava perfeitamente com o sobrenome Jagger.

Mick Jagger, Brian Jones, Keith Richards, Ian Stewart, Dick Taylor e Tony Chapman tocaram no Marquee Club, um bar de jazz que fica em Oxford Street, no número 165. E qual foi o nome adotado? Rollin' Stone, a música de Muddy Waters que eles mais gostavam. O nome também veio do verso de outra música do mesmo músico, chamada "Mannish Boy". Era a frase "Oh, I'm a rollin' stone". Brian Jones foi quem bateu o martelo a respeito do nome, porque havia rejeitado todas as outras sugestões de Mick e Keith.

Depois, os Rollin' Stone mudaram para Rolling Stones – nome de sonoridade mais fácil para seus fãs – durante um telefonema para a publicação *Jazz News*. Ian Stewart não gostava de Stones para a banda, mas Brian Jones, Keith Richards e Mick Jagger escolheram às pressas.

Brian Jones e Keith Richards usavam duas guitarras elétricas no palco, Ian Stewart tocava piano, Dick Taylor assumiu o contrabaixo e Tony Chapman a bateria. O show ocorreu no dia 12 de julho de 1962. No entanto, há controvérsias sobre a participação de Chapman nessa primeira apresentação. Keith Richards afirmou em sua autobiografia que o baterista naquela noite era Mick Avory. O próprio Avory negou em entrevistas a participação nos palcos, mas Keith alimentou discordâncias quanto ao verdadeiro baterista que acompanhou os Stones em seu primeiro show. "O baterista naquela noite era Mick Avory e não Tony Chapman, como a história misteriosamente escondeu...", afirmou o guitarrista em seu livro.

O repertório do primeiro concerto dos Rolling Stones foi de apenas cinco músicas, versões de composições de outros músicos. Eles tocaram as canções "Dust My Broom" (Robert Johnson), "Baby What's Wrong?" (Jimmy Reed), "Doing the Crawdaddy" (Bo Diddley), "Confessin' the Blues" (Jay McShann) e "Got My Mojo Working" (popularizada por Muddy Waters). O público aprovou a performance e eles se sentiram como os músicos que admiravam. No entanto, o futuro dos Rolling Stones reservaria maiores surpresas. Cada um recebeu apenas quatro libras naquela apresentação – valor suficiente para comprar três LPs ou mesmo roupas caras em Londres.

> A música originalmente foi composta por Preston Foster e gravada por Ann Cole, uma cantora de música gospel e de soul dos Estados Unidos.

"Os Rolling Stones tinham acabado de começar a tocar em alguns clubes ao redor de Londres, e eu percebi que estava pegando um monte de garotas numa situação que, do contrário, não acontecia normalmente. Eu não era muito sofisticado", relatou Mick Jagger ao jornalista que fundou a revista *Rolling Stone*, Jann S. Wenner, em uma entrevista de 1995.

"Eu percebi que estava pegando um monte de garotas."

Logo nesses primeiros shows e assim que a banda assumiu o nome pelo qual ficaria conhecida no mundo inteiro, Mick passou a se ver muito além de um vocalista, mas também como *perfomer*. Seu desempenho no palco fazia a diferença para a banda. "Se conseguisse um show, ia lá e fazia. Eu costumava fazer essas coisas doidas – você sabe, rolar pelo chão, me ajoelhar – quando tinha quinze, dezesseis anos. E meus pais desaprovavam completamente tudo isso. Cantores de rock'n'roll não eram pessoas de boa educação", explicou Mick Jagger, sobre suas primeiras apresentações.

Naquele tempo, no entanto, Mick ainda não era o líder da banda. Por autoridade e arrogância, esse cargo era de Brian Jones. O jeito de Jones e do grupo se apresentar fez com que eles se parecessem mais com estrelas de rock do que com os ídolos do blues, principalmente pela energia diferente que eles tinham no palco.

Nessa mesma época, em meados de 1962, a banda conheceu um baterista chamado Charlie Watts, que dividia o tempo entre a música e o design gráfico. Ele estava na plateia no primeiro show dos Stones, e participava da banda Blue by Six. Eles queriam Watts na banda no lugar de Tony Chapman, por conta de sua habilidade com as baquetas. Chapman, segundo Keith e os outros Stones, era apenas um "quebra-galho". Já Ian "Stu" Stewart foi deixando o piano para assumir a administração da banda. Ele tinha 24 anos na época e era um dos integrantes mais velhos do grupo. Com seu temperamento seco e direto, Stu conseguiu assumir a parte burocrática de um grupo que ainda estava se formando.

Entre março e junho de 1963, Mick Jagger abandonou a London School of Economics para se tornar uma estrela do rock, cercado de fãs e de shows a fazer. "Foi muito, muito difícil, porque obviamente meus pais não queriam que eu fizesse aquilo. Meu pai ficou furioso comigo, absolutamente furioso. Tenho certeza de que ele não teria ficado tão louco da vida se eu tivesse me candidatado a entrar no exército. Qualquer coisa menos isso", explicou Mick à *Rolling Stone* em 1995. "Ele [o pai] simplesmente não acreditava. Concordo com ele: não era uma oportunidade viável de carreira. Era completamente idiota. Mas eu, de fato, não gostava da universidade. Não era como estar em Oxford e ter um período incrível de minha vida. Era um curso muito imbecil, muito chato, que eu estava fazendo."

"Não era uma oportunidade viável de carreira. Era completamente idiota. Mas eu, de fato, não gostava da universidade."

Mick foi abandonando a faculdade aos poucos, faltando às aulas e copiando as anotações de seu colega Laurence Isaacson. Philip Norman afirma que o pai não era o único problema do promissor vocalista naquela época. "A maior pressão sobre Mick, como sempre, vinha da mãe. Eva Jagger ainda não conseguia levar a arte do filho a sério, e protestava com todo seu considerável poder contra os efeitos deletérios sobre seus estudos – e na carreira profissional de alto nível que Mike deveria seguir. O apartamento na Edith Grove deixou-a tão chocada que ela não aguentava entrar lá (ao contrário da mãe de Keith, mais realista, que ia lá regularmente para fazer uma boa faxina). Quando Mick se mostrou obstinado quanto a continuar com os Stones, Eva telefonou para Alexis Korner e quis saber, com seu jeito direto, se 'Michael', como ela ainda continuava a chamá-lo, tinha mesmo alguma coisa especial como cantor. A resposta de Korner, do outro lado da linha, de que ele realmente tinha uma bela voz, tranquilizou Eva, mas não chegou a convencê-la", descreveu o escritor e jornalista.

Sem experiência nenhuma em turnês, Mick, Keith e Brian Jones chamaram Bill Wyman para tocar baixo, e o discreto Charlie Watts para assumir as baquetas. Charlie é um músico que transmite tranquilidade em sua percussão até os dias atuais. No momento em que ele entrou nos Rolling Stones, o baterista tinha como referência apenas o jazz, que não combinava com o grupo. Para se adequar, Charlie Watts estudou o blues de Jimmy Reed, cantor negro norte- -americano de Dunleith, no estado do Mississippi, e do baterista que o acompanhava, Earl Phillips.

Keith e Mick em início de carreira, abrindo cartas de fãs, em 1963.

Bill Wyman, na verdade, se chama William Perks. Como o sobrenome não pegava bem e o fazia parecer um perdedor, ele o trocou por Wyman. Bill chamou atenção logo nos primeiros ensaios com seu contrabaixo e um amplificador Vox AC30. Na época, esse amplificador não estava à venda em Dartford, e era um equipamento muito acima da média. Wyman o conseguiu porque tinha nascido em Lewisham, mais próxima de Londres do que a cidade natal de Mick Jagger.

> Há uma semelhança entre as palavras inglesas "perk" (arrogante) e "jerk" (babaca).

Dick Taylor seguiu sua carreira com os Pretty Things, dando espaço, em 1963, para que Bill Wyman entrasse nos Rolling Stones. Wyman ficaria com Mick, Keith e sua turma por quase trinta anos.

Mesmo tendo abandonado os estudos na London School of Economics, Mick Jagger aplicaria seus conhecimentos nos Rolling Stones. Ele falou um pouco sobre a época de estudante à revista Rolling Stone, em 1995: "A coisa com os Stones era aos finais de semana, e a universidade nos outros dias. Deus, os Rolling Stones tinham tão pouco trabalho – era algo como um show por mês. Então não era tão difícil assim". Mesmo com essa falta de trabalho inicial, a situação em pouco tempo se reverteu, a ponto de exigir a dedicação total de Mick.

Os cinco músicos decidiram viajar pelo Reino Unido realizando shows de rock, como se fosse um treinamento. Para todos eles, era, com certeza, uma nova (e empolgante) experiência.

Antes de alcançar o sucesso, os shows dos Rolling Stones eram em palcos pequenos, em bares e locais de menos expressão. Justamente por causa dos shows em lugares apertados, Mick Jagger começou a se destacar por sua desenvoltura no palco. "O talento artístico de Mick se mostrava nesses locais pequenos, onde mal se tinha espaço para girar um gato pelo rabo", afirmou Keith Richards sobre o parceiro de palco em sua autobiografia. Além de dançar, Jagger tocava gaita, já que os Stones tinham a pretensão de se tornar uma grande banda de blues. "Acho que a movimentação cênica do Mick surgiu em grande parte do fato de tocarmos tanto nesses palcos superpequenos. Depois de colocar todo o nosso equipamento no palco, às vezes o espaço que tínhamos para trabalhar não era maior do que uma mesa", completa Keith, sobre os riscos e os apertos que seu amigo cantor corria no começo da carreira.

Mick Jagger chegava a usar até quatro maracas nas apresentações, parecendo um cantor espanhol. "Eu não tinha inibição nenhuma. Eu vi Elvis e Gene Vincent, e pensei: 'Bem, eu posso fazer isso'. E eu gostava de fazer. É um verdadeiro entusiasmo, mesmo diante de vinte pessoas, você se mostrar como um completo idiota. Mas as pessoas pareciam gostar daquilo. E o negócio é que, se as pessoas começassem a jogar tomates em mim, eu não teria continuado", argumentou Mick à *Rolling Stone*. O cantor também disse que, na época, as pessoas pareciam estar em choque com uma dança tão diferente.

> Instrumento parecido com um chocalho, com uma ponta redonda e um cabo cilíndrico. Dentro da ponta, são colocados grãos ou areia, que produzem o som de arranhões ou de lixa, quando sacudidas. É um instrumento de percussão, e normalmente acompanha a bateria.

"É um verdadeiro entusiasmo, mesmo diante de vinte pessoas, você se mostrar como um completo idiota. Mas as pessoas pareciam gostar daquilo."

Ainda inspirados pelo blues, a banda tocava versões de músicas de Chuck Berry e de Bo Diddley. No entanto Keith e Mick começaram a participar ativamente na criação de novas composições. Os dois já se conheciam há treze anos, estavam começando a se entrosar musicalmente e, com os shows, tornaram-se os compositores naturais da banda.

O homem que incentivou a integração entre Jagger e Richards foi o produtor Andrew Loog Oldham, que tinha visão de negócio e o objetivo ambicioso de dominar o Reino Unido. O que Oldham viu em 1963 — e Mick ainda não sabia — é que os Rolling Stones tinham potencial para rivalizar com outra banda inglesa que estava em ascensão: os Beatles, de Liverpool.

> Músico negro que nasceu em Mississipi, nos Estados Unidos. Diferente de outros músicos de blues, passou a utilizar guitarra elétrica e instrumentos eletrônicos. Foi influenciado pela música da Igreja Pentecostal. Morreu na Flórida, em 2008, aos 79 anos.

★

Andrew Oldham viu um concerto dos Rolling Stones na cidade de Richmond, na região metropolitana de Londres. O produtor tinha trabalhado com Brian Epstein, o homem que estava criando o fenômeno Beatles com John Lennon, Paul McCartney, George Harrison e Ringo Starr. Em uma discussão com Epstein, Oldham foi demitido e decidiu se vingar de seu antigo patrão. Ele iria utilizar Mick Jagger, Keith Richards, Brian Jones, Bill Wyman e Charlie Watts para alcançar seu propósito.

Uma das primeiras músicas inteiramente originais da dupla foi "As Tears Go By". Andrew Loog Oldham trancou Jagger e Richards em uma cozinha para que eles entrassem em acordo quanto à nova composição que deveriam criar. Os dois ficaram no cômodo a noite toda. "Quero uma música cercada por paredes de tijolos, janelas altas e sem sexo", disse Oldham aos dois músicos, que se tornavam compositores naquele momento. "As Tears Go By" ia se chamar "As Time Goes By", por conta do tempo que Jagger e Richards demoraram para se decidir.

Segundo Keith Richards, a tristeza de um dos dois colaborou para engatilhar a composição. "Talvez um de nós tivesse terminado com a namorada", explicou o guitarrista. A questão é que a vida de loucuras que eles estavam tendo com o sucesso progressivo dos Stones contribuiu como inspiração para uma porção de canções novas.

"Eu me baseei no fato de que se Mick podia escrever cartões--postais para Chrissie Shrimpton, e Keith era capaz de tocar guitarra, então podiam compor músicas", disse Oldham sobre o motivo para ter reunido o cantor e o guitarrista dos Stones naquela cozinha. A modelo e atriz Chrissie Shrimpton foi namorada de Mick Jagger entre 1963 e 1966.

Em 1964, "As Tears Goes By" virou um sucesso na voz de Marianne Faithfull, cantora promovida por Oldham na época. Os Stones só foram tocá-la no ano seguinte, em 1965. "A gente entregava [as músicas] para o Andrew e, o que nos espantava, ele conseguia que a maioria delas fosse gravada por outros artistas. Mick e eu nos recusávamos a incluir essas porcarias que escrevíamos no repertório dos Stones", explicou o guitarrista sobre os primeiros trabalhos originais dele com Mick Jagger.

"Mick e eu nos recusávamos a incluir essas porcarias que escrevíamos no repertório dos Stones."

Os Rolling Stones mudaram de endereço no ano de 1963. Eles estavam morando desde o verão londrino do ano anterior no número 102 da Edith Grove, em Fulham. Com pouca mobília e apenas colchões, eles saíram de um local onde havia imigrantes australianos e três professoras da cidade de Sheffield para viajar. Quando a banda começou, eles apenas queriam tocar o blues de que gostavam, fazer performances que agradassem a plateia e disseminar a música dos negros americanos que ouviam. Aos poucos, esses objetivos foram sendo transformados.

A primeira grande transformação foi provocada por Andrew Loog Oldham. Por ter trabalhado com Epstein, Oldham foi corresponsável pelo visual comportado dos Beatles, que usavam ternos em suas apresentações. O produtor achava ruim que os Rolling Stones se vendessem como garotos cabeludos e rebeldes. Dessa forma, ele também engravatou Mick, Keith e todo o resto do grupo. A ideia de visual homogêneo não agradava a nenhum dos Stones.

Os integrantes do grupo apareceram com ternos de xadrez lilás no programa de televisão britânico *Thank Your Lucky Stars*. A aparição contribuiu para que os Rolling Stones atingissem maior popularidade, mas, em pouco tempo, aqueles trajes foram rejeitados pelos músicos. "A gente dispensou aquelas coisas imediatamente, ficando só com as jaquetas cintadas de couro", explicou Keith Richards sobre essa época. Certamente, Mick rebolando e tocando quatro maracas diante dos fãs não combinava com um visual comportado, mas era uma técnica do produtor para tornar os Stones um fenômeno imediato.

Terry O'Neill/Getty Images

Da esquerda para a direita, Bill Wyman, Brian Jones, Mick Jagger e Keith Richards, no programa *Thank You Lucky Stars*, em 1964.

Marianne Faithfull, a garota que cantou a primeira música composta por Mick Jagger e Keith Richards, achava que os Rolling Stones eram "estudantes grosseiros [...] sem a elegância de John Lennon ou Paul McCartney". Na época, ela estava interessada em Andrew Oldham, seu próprio produtor, mas acabou se aproximando de Mick Jagger por conta das brigas dele com Chrissie Shrimpton, que constantemente esbravejava chorando diante do ascendente rockstar.

Em pouco tempo, Oldham entendeu que precisava mudar de estratégia com os Stones. Passou a pedir a eles que investissem em uma estratégia diferente da dos Beatles, que se tornaram um fenômeno pop e agradavam tanto aos jovens como aos mais velhos. Os Rolling Stones tinham que ser um contraponto ao que o rock'n'roll estava se tornando no show business.

> Antes de trabalhar com os Stones, a gravadora Decca produziu Bill Haley (autor de "Rock Around the Clock"), Louis Armstrong e Billie Holiday. A empresa tinha um grande portfólio, mas perdeu a chance de trabalhar com os Beatles em meados de 1960.

O contrato assinado com a gravadora Decca exigia que uma pessoa saísse dos Rolling Stones. Eles queriam imitar os Beatles até no número de integrantes, que eram quatro. Cinco músicos permaneceram, um a mais do que na formação dos "rivais", mas um teria que ir embora. Então Ian "Stu" Stewart foi demitido, embora os integrantes digam que o processo ocorreu sem problemas. Stewart era o homem que apresentava Keith, Mick e seu grupo às casas de show, que fez as primeiras divulgações da banda, além de ter tocado piano por um tempo com eles. Com uma gravadora e um produtor de peso como Andrew Oldham, eles estavam com os contatos certos para começar a fazer sucesso no Reino Unido.

> Paródia é uma imitação cômica, irônica, de algo original. Os Rolling Stones não faziam paródias com o blues, mas sim versões das músicas de seus ídolos. No entanto, essa forma de fazer covers não agradava a Andrew Oldham, que queria ganhar dinheiro com composições originais da banda.

"Não me venham com um blues, não quero saber de paródia nem de imitação, apresentem alguma coisa própria. Uma boa música pop não é tão fácil assim de compor", disse Andrew Oldham à dupla Mick Jagger e Keith Richards. Mal sabiam eles que, em 1963, seriam grandes concorrentes de outra dupla famosa de compositores, Lennon e McCartney. E tudo começou com brincadeiras a partir de músicas de Muddy Waters, Jimmy Reed e outros grandes artistas do blues. Keith e Mick passaram a compor, embora nem sempre tocassem suas criações. Mas isso mudaria em breve.

Concentrados em Londres e em algumas cidades do interior, os Rolling Stones se tornaram a nova sensação em 1963, com músicas que rivalizavam com os Beatles nas paradas de sucesso. Os singles foram gravados em semanas e passaram a competir com os do quarteto de Liverpool, que já tinha um álbum gravado, *Please Please Me*. Para um grupo de músicos saídos de Dartford, dedicados apenas ao blues, os Stones estavam conseguindo fazer seus próprios gostos musicais se adaptarem ao cenário da música popular britânica do começo dos anos 1960.

Os fãs dos Stones também passaram a se diferenciar dos Beatles. No começo, as admiradoras de Mick Jagger eram tipicamente mulheres, assim como as fãs de Paul McCartney e de John Lennon. No entanto, em poucos dias, os shows começaram a encher, e um público masculino que não era esperado apareceu. Naquele ano, Mick e Keith subiam no palco encobertos pelo som do próprio público. Muitos concertos acabavam em confusão, com pessoas levadas de maca até o pronto-socorro.

O blues dos Stones progressivamente se transformou em rock'n'roll. E esse rock foi responsável por transformar uma geração que havia crescido e sido educada nos anos 1950, nos anos pós-guerra, de forma moralista e "comportada". A histeria dos fãs durante os shows era uma espécie de libertação. As atitudes afetadas e transgressoras de Mick Jagger foram um meio para que essa geração também manifestasse suas privações e se libertasse dos limites impostos por seus pais.

Por morarem em Londres, as ambições dos Stones eram apenas dominar a capital britânica, desdenhando as cidades mais afastadas no interior do país. As turnês e os shows, que começaram com o blues, passaram a mostrar o outro lado da turma de Mick Jagger. A turnê com a banda feminina The Ronettes e o contato com ídolos como

Chuck Berry mostraram aos Rolling Stones que um novo universo estava se abrindo para eles. Os primeiros a dar passos em direção ao sucesso mundial foram os Beatles, mas Mick, Keith e seus amigos seriam os próximos.

Mick Jagger foi aos Estados Unidos com os Stones no verão de 1964. As músicas dos Rolling Stones estavam começando a tocar nas rádios americanas com características de programação musical diferentes das do Reino Unido. Assim como no caso de outras bandas de rock inglesas que estavam estourando na época, essa viagem foi o passaporte para o sucesso.

★

A viagem aos Estados Unidos também foi uma oportunidade para os Rolling Stones conhecerem suas origens. Sintonizavam as rádios e apreciavam, diretamente da fonte, os novos sons do blues e do country que fervilhavam no território americano. Nos Estados Unidos, as rivalidades entre Beatles e Stones também se acirravam nos shows. Enquanto os "Fab Four" traziam o som tipicamente inglês ao rock, Mick e Keith se consagravam como intérpretes do Chicago Blues da época.

"A única hostilidade que relembro numa base consistente era a dos brancos. Os irmãos e os músicos negros, no mínimo, achavam que éramos uns alternativos interessantes", disse Keith Richards, sobre as críticas que os Rolling Stones recebiam na época. Por terem cabelos compridos e um visual despojado, a sociedade norte-americana conservadora constantemente chamava a turma de Mick Jagger de "bichinhas", de homossexuais. A moda britânica, como um todo, era mal vista pelo rock americano, que tinha se alimentado diretamente da musicalidade dos escravos.

Alguns músicos negros famosos se manifestaram a favor dos Stones. "A primeira vez em que ouvimos vocês, pensamos que fossem negros. De onde vêm esses filhos da puta?", reclamou Bobby Womack, num tom elogioso às performances de Mick Jagger e Keith Richards. Na verdade, para os norte-americanos, a onda dos britânicos imitando música negra soava de modo estranho.

> Womack escreveu a música-tema do filme *Jackie Brown*, do diretor Quentin Tarantino, lançado em 1997. O nome da composição é "Across 110th Street".

O rock americano enfrentava transformações com o fim dos anos 1950. Elvis havia estourado, mesclando elementos que iam muito além da música negra e incorporando o tipo de cantor e intérprete que marcaria a história. Buddy Holly também foi outro ícone da década e, pouco antes de sua trágica morte em 1959, consagrou as músicas de amor juvenis na geração rock'n'roll do período.

Grupos como Rolling Stones e guitarristas britânicos como Eric Clapton andavam na contramão dessa tendência. Resgatavam o blues apesar de incorporarem elementos pop. Faziam músicas "teenager" apenas para vender, mas idolatravam mesmo o sentimento e a rebeldia dos negros de Chicago. Inspiravam-se em uma cultura totalmente diferente da deles para criticar a sociedade inglesa conservadora.

> Palavra em inglês que define a música adolescente emergente da contracultura e do rock dos anos 1950.

O cantor da banda Eagles, Joe Walsh, músico branco norte-americano e um dos compositores de "Hotel California", surpreendentemente não conhecia o blues na década de 1960. Foi só ao ouvir os Rolling Stones que ele aumentou seu contato com a música negra. Os ingleses, à sua maneira, conseguiram apresentar a cultura dos Estados Unidos aos próprios norte-americanos.

Em novembro de 1964, os Rolling Stones lançaram "Little Red Rooster", um blues de raiz inspirado em Willie Dixon. A música nasceu de outra chamada "The Red Rooster", de Howlin' Wolf. A gravação saiu, mesmo com a relutância de gravadoras e de empresas a lançar uma banda que pretendia tocar música de negros tendo sido formada no seio da capital do Reino Unido, Londres. E a composição ainda seguia as características das versões dos Stones aos clássicos norte-americanos, sem ser algo 100% original.

O single "Red Rooster" foi o passaporte dos Stones para excursionar com os músicos negros pelos Estados Unidos. A turma de

Mick Jagger conheceu James Brown e foram do leste ao oeste do país, de Los Angeles a Nova York. E foi assim que os Estados Unidos transformaram os Rolling Stones e foram transformados por eles.

Mick viu James Brown em um concerto no teatro Apollo, no Harlem, em Nova York. O cantor dos Stones notou que Brown tinha controle sobre sua banda e sabia alertá-la quando eles cometiam um erro no palco. Mick Jagger aprendeu também a dançar com a música popular de James Brown, segundo Keith Richards.

Essas aprendizagens foram fundamentais para criar o cantor dos Rolling Stones que conhecemos nos dias de hoje. "Mick Jagger, em qualquer idade, foi inimitável. Foi Jagger quem, mais do que qualquer outro, inventou o conceito de 'estrela' do rock, em oposição ao mero cantor de uma banda – uma figura destacada de seus parceiros músicos (uma grande inovação naqueles dias de grupos unificados como os Beatles, Hollies, Searches e outros)", explica o biógrafo Philip Norman. Essa forma de se destacar dentro de grandes grupos foi aprendida com James Brown, e aplicada durante sua carreira nos palcos.

A interação entre os Stones, os Beatles e os fãs americanos irritou seu público original: os ingleses. Os concertos de retorno ao Reino Unido resultaram em mais confusões, incluindo um show feito no programa *Top of the Pops* promovendo a música "It's All Over Now", single originalmente de Bobby Womack.

★

A gravadora Decca fechou um contrato exclusivo com os Rolling Stones porque não conseguiu atrair os Beatles (John, Paul, George e Ringo tinham assinado com a EMI). O contrato levou os Stones para a Bélgica, para a França e até mesmo para a Austrália. Eles eram a moda do momento e estavam invadindo novos continentes e muitos países com sua música.

Após oito meses escrevendo com Andrew Oldham músicas que foram interpretadas por outros artistas, Mick Jagger e Keith Richards escreveram "The Last Time" para ser executada pelos próprios Rolling Stones. A canção foi gravada nos estúdios RCA, em Hollywood. Essa composição foi apenas um single, lançado em 1965. As gravações naquele local deram origem ao álbum *Aftermath*, que só seria finalizado em 1966, o sexto álbum de estúdio dos Stones.

Com dois lados e um total de doze faixas, o primeiro álbum da turma de Mick Jagger foi *The Rolling Stones*, lançado no dia 16 de abril de 1964. Eric Easton ajudou Andrew Loog Oldham na produção. As composições foram nascendo nas turnês promovidas pelos produtores da gravadora Decca pelo mundo. De acordo com Keith Richards, cada faixa demorava entre trinta e quarenta minutos para ser finalizada. Ou seja, embora as ideias para a gravação tenham surgido aos poucos, houve uma pressão para finalizar rapidamente o trabalho.

Mick Jagger, Keith Richards, Charlie Watts, Bill Wyman e Brian Jones gravaram entre 3 de janeiro e 25 de fevereiro no Regent Studios, em Londres. Embora Mick e Keith já escrevessem músicas juntos, a única assinada por eles no material é "Tell Me", a faixa nove. Há um autor chamado Nanker Phelge no disco, um pseudônimo criado pelos Stones para agrupar composições escritas por todos os integrantes. Há um bom material de covers e versões no álbum, como "Carol", de Chuck Berry, e "I Just Want to Make Love to You", do músico de blues Willie Dixon.

Embora Oldham tenha cuidado da produção, Phil Spector participou da faixa "Little by Little", tocando maracas. Spector foi criador de uma técnica de gravação chamada "Wall of Sound", e era respeitado por iniciantes como Andrew Oldham. Sua inovação consistia em editar várias vezes os sons originais duplicando os instrumentos e editando tudo. "É uma aproximação wagneriana do rock'n'roll: pequenas sinfonias para garotos", explicou o produtor na época.

> Esse método de gravação causaria problemas em *Let it Be*, dos Beatles.

The Rolling Stones vendeu cerca de 100 mil cópias encomendadas, mais do que *Please Please Me*, que contou com apenas 6 mil encomendadas um ano antes, em 1963. Ficou no topo das paradas do Reino Unido por doze semanas. Mesmo com esse sucesso, a banda não recebeu imediatamente seus ganhos e ainda teve prejuízos com turnês promovidas por Robert Stigwood, que prometeu um pagamento que nunca realizou, causando um confronto entre ele e Andrew Oldham.

Diz o biógrafo de Mick Jagger, Philip Norman: "Os Stones, deliciava-se Oldham, tinham 'nocauteado os Beatles' no mercado doméstico. Agora era a vez dos Estados Unidos".

E a versão americana de *The Rolling Stones* é o disco *The Rolling Stones: England's Newest Hit Makers*, lançado no dia 30 de maio de 1964, mais de um mês depois do álbum original. A primeira música desse material alternativo, "Not Fade Away" – composta originalmente por Buddy Holly e Norman Petty –, está no lugar de "Mona (I Need You Baby)", de Ellas McDaniel. Nos Estados Unidos, o disco não ultrapassou o 11º lugar nas paradas de sucesso do Billboard 200, mas atraiu as atenções do público que queria conhecer covers de blues e a nova música britânica.

> O título diferente foi uma forma de mostrar os Stones nos Estados Unidos. Como o público americano ainda estava conhecendo o rock inglês, a divulgação dos discos era uma forma de fazer propaganda da música além dos hits para rádios.

★

No primeiro disco dos Stones há uma música chamada "Honest I Do". Originalmente, a composição foi criada por Jimmy Reed. A versão de Mick Jagger é mais acelerada, enquanto a de Jimmy Reed é cantada lentamente, com menos entradas de gaita junto com o vocal melancólico.

"Honest I Do" é uma canção de amor sincero, retratado de maneira simples. Suas letras são de uma pessoa apaixonada. "Você não sabe que eu te amo? / Honestamente, eu amo / Eu não colocarei / Ninguém sobre você", dizem as palavras da composição. Na voz de

> No original em inglês: "Don't you know that I love you / Honest I do / I'll never place / No one above you".

Mick, essa música parece resumir o primeiro trabalho em estúdio dos Rolling Stones e também a fase inicial de suas carreiras.

Os Stones eram, a princípio, essencialmente uma banda de intérpretes, não de compositores. Eles preferiram homenagear suas principais influências no primeiro disco. Eram músicos novos, ingleses e brancos, mas tocavam com sentimento a música dos descendentes de africanos.

"Honest I Do" era o suspiro de Mick Jagger para ser aceito, assim como de seus amigos de banda. Era o blues triste clamando por amor, por aceitação. Era como as músicas que Mick escrevia com Keith, com apelo pop. Mas essa canção também era dotada da influência da música negra. Era o começo dos Rolling Stones.

OS MÚSICOS BRANCOS QUE POPULARIZARAM O BLUES

O blues foi um gênero musical que ganhou fama com Robert Johnson nos anos 1930. O gênero continuou com certa popularidade nos anos 1950, mas uma série de músicos ingleses e brancos resgataria o gênero para apresentá-lo aos próprios norte-americanos. Mesmo tendo criado o rhythm and blues, os Estados Unidos precisaram ser reapresentados para o segmento musical.

Diretamente da Inglaterra, os Rolling Stones fizeram turnês no Reino Unido após apreciarem por anos a discografia de diversos intérpretes do blues. Mick Jagger era apreciador de um subgênero chamado Chicago Blues, que abusava do uso de instrumentos elétricos. O estilo também agradava ao guitarrista Keith Richards, que combinava os sons à sua guitarra elétrica de sonoridade metálica.

Outra banda que surgiu quase simultaneamente com os Stones foram os Yardbirds. Eles tinham como guitarrista solo um homem chamado Eric Patrick Clapton, conhecido pelo apelido "Slowhand", por sua habilidade cuidadosa com a guitarra elétrica. O primeiro trabalho deles, *Five Live Yardbirds*, também era recheado de covers de blues, assim como o trabalho dos Rolling Stones – diferentemente dos Beatles.

Clapton teria outros apelidos, como "God" (Deus). Ele é conhecido como um dos primeiros "heróis" da guitarra elétrica, e é uma inspiração para músicos solistas.

A maior parte do material de *Please Please Me* já era de músicas autorais de Lennon e McCartney.

No começo, Eric Clapton tocava a música de John Lee Hooker, um musicista de blues que se aproximava do country norte-americano, com métrica livre, repleto de improvisações. Clapton também dedicou sua carreira a entender a música de Muddy Waters, com quem tocou algumas vezes. Seu estilo de tocar e cantar difere muito do de Mick e Keith no começo de carreira, apostando em um estilo de música mais livre, mais jazzista e complexo.

Além dos dois grupos ingleses que resgataram o blues, Janis Joplin foi uma americana branca que brindou os Estados Unidos com sua voz poderosa e polêmica. Joplin foi além dos limites do blues negro e abraçou o rock psicodélico, consumindo também muitas drogas.

Clapton deu ainda mais vigor ao grupo de músicos brancos no blues ao criar o Cream com o baterista Ginger Baker e o baixista Jack Bruce. Os três foram um dos primeiros "power trio" a reforçar o estilo do rock puxado para o blues de forma barulhenta e pesada. Eles faziam quase heavy metal.

Todos esses músicos brancos tocando rhythm and blues precederam um grande músico negro que iria entrar de cabeça no rock'n'roll. Seu nome era James Marshall "Jimi" Hendrix. Guitarrista canhoto, ele sairia do blues para mergulhar nas drogas pesadas e influenciar toda uma geração *hippie*, contestadora da Guerra do Vietnã. Se os brancos recuperaram as músicas dos negros, Jimi Hendrix foi o negro que se destacou em um estilo de música que se tornou mais caucasiano: o rock.

Mick Jagger com os Rolling Stones em show no Knebworth Fair Festival, Inglaterra, em 21 de agosto de 1976.

Hulton Archive/Getty Images

CAPÍTULO 2: CAUSE I TRY, AND I TRY, AND I TRY

O hit que trouxe fama aos Stones. O segundo disco gravado em estúdio. O sucesso combinado com drogas e festas. A integração entre Mick Jagger e Keith Richards, principais compositores da banda. A revolta e a queda de Brian Jones, o homem que queria ser líder dos Rolling Stones.

> Distrito de Londres onde Mick Jagger e Keith Richards foram morar, hospedados ou em imóveis próprios, depois de sair de Dartford. O local seria tema de outras composições dos Rolling Stones, pois a banda sempre se inspirou em experiências pessoais.

Keith Richards compôs a melodia de "(I Can't Get No) Satisfaction" em uma madrugada, no apartamento localizado em Carlton Hill, St. John's Wood. O local fica a poucos metros da Abbey Road e do Abbey Road Studios, onde os Beatles gravaram seu último álbum.

Mick Jagger contribuiu em "Satisfaction" escrevendo a letra em uma piscina em Clearwater, no estado norte-americano da Flórida, quatro dias antes da gravação (marcada para 12 de maio de 1965, no RCA Studios, em Hollywood). Dessa forma, o maior hit do começo da carreira dos Rolling Stones nasceu no Reino Unido mas foi finalizado nos Estados Unidos. A música chegou ao topo das paradas britânicas em setembro de 1965.

"Keith não queria que ela [Satisfaction] saísse como single. Foi a música que realmente fez os Rolling Stones, nos transformou de apenas mais uma banda para essa coisa monstruosa, enorme. Você sempre precisa de uma canção. Nós não éramos norte-americanos, e os Estados Unidos eram um grande negócio, e sempre quisemos conseguir as coisas aqui. Foi muito impressionante como aquela canção e a popularidade da banda se tornaram uma coisa internacional", explicou Mick Jagger à revista *Rolling Stone* em 1995. "Para fazer isso, você precisava de uma canção; do contrário, você era apenas essas figuras no jornal, com alguns sucessozinhos."

A letra de Mick se encaixou no que Keith Richards afirma ser uma "linha de trompa": uma frase de guitarra elétrica que simula o som desse instrumento de metal. "Satisfaction foi uma colaboração típica entre Mick e eu na época. De maneira geral, posso dizer, eu criava a música e a ideia básica, e Mick fazia o trabalho duro de preenchê-la e torná-la interessante. Não temos como dizer, em uma única frase, ele escreveu isso, fez aquilo", explica Keith em sua autobiografia sobre o processo de composição da dupla.

Uma peculiaridade sobre "Satisfaction" é que a música explodiu em meados de 1965, principalmente nos Estados Unidos, mas os Stones deixaram de tocá-la por um tempo. Só depois de ouvir a música ser interpretada pela diva do soul Aretha Franklin, Mick Jagger entendeu que o hit merecia uma nova interpretação e outro tipo de performance para funcionar no palco. Desde então, a música faz parte do repertório fixo da banda. A versão original de "Satisfaction" era mais lenta. Atualmente, a música é executada de maneira mais rápida, mais intensa e com mais distorção. A voz de Mick também ganhou maior destaque nas versões atuais.

> Nascida em 25 de março de 1942, em Memphis, no estado americano do Tennessee, Aretha Louise Franklin se destacou na música gospel, no funk e no soul. Até hoje ela ainda é um nome proeminente na música pop, e é da mesma geração de Mick Jagger.

"É uma canção de assinatura, porque é apenas uma coisa – um tipo de assinatura que todo mundo conhece. Ela possui um título bem grudento. Tem um grande som de guitarra, que era original na época. E ela captura o espírito de uma época, que é muito importante nesse tipo de música", afirma Mick Jagger sobre a mensagem que "Satisfaction" transmite. O cantor também aborda uma mensagem específica da canção: "[O tema] era alienação. Ou talvez um pouco mais disso, mas um tipo de alienação sexual. Alienação ainda não é a palavra certa, mas é uma palavra que cabe".

"Satisfaction" foi o 21º single dos Stones, lançado no dia 6 de junho nos Estados Unidos e no dia 20 de agosto no Reino Unido. Poucos meses antes, no dia 15 de janeiro, a banda havia lançado o segundo disco, *The Rolling Stones No. 2*. A capa do single é a mesma do álbum, com os integrantes da banda juntos em uma foto escura. Mesmo com mais de vinte compactos lançados, a banda ainda tinha mais versões de outros músicos do que composições próprias nesse disco.

"You Can't Catch Me", de Chuck Berry, está no trabalho, assim como "I Can't Be Satisfied", de Muddy Waters. As gravações foram realizadas no Chess Studios (Chicago), no RCA Studios (Hollywood) e no Regent Sound Studio (Londres). No Reino Unido, *The Rolling Stones No. 2* ficou dez semanas no topo das paradas em 1965, tornando-se um dos mais vendidos daquele ano no país.

★

A Decca queria vender a imagem dos Rolling Stones como rivais dos Beatles. A banda era forçada a produzir material de maneira excessiva para atrair as atenções da mídia e do público. Foi dessa forma que, ainda em 1965, os Stones gravaram o álbum *Out of Our Heads*, lançado no dia 24 de setembro.

Mas a produção do disco havia começado no dia 2 de novembro de 1964, isto é, antes do lançamento de *The Rolling Stones No. 2*. No dia 30 de julho de 1965, o álbum *Out of Our Heads* foi disponibilizado pela gravadora London, uma parceira da Decca, nos Estados Unidos. Ou seja, este foi o primeiro disco dos Rolling Stones a ser lançado em terras norte-americanas antes de ser divulgado na Inglaterra. E somente a versão dos Estados Unidos possuía a música "(I Can't Get No) Satisfaction", o grande sucesso dos Stones naquele momento.

Os dois discos têm um total de doze faixas, mas a ordem dos covers e das músicas originais estão diferentes nos dois materiais. As capas também eram distintas, mostrando ângulos diferentes da banda.

Segundo Mick Jagger, *Out of Our Heads* ainda era pouco criativo em comparação a outros trabalhos da banda. "[Era] um monte de covers ainda. As pessoas trabalhando nele, os engenheiros, eram muito bons. Eles sabiam como tirar os melhores sons. Isso realmente afeta sua performance, porque você consegue ouvir as nuances, e isso te inspira", explicou Mick.

Pela rapidez do processo de gravação, *Out of Our Heads* seria o princípio de mudanças em futuros trabalhos. Esse seria o último álbum com mais versões do que composições originais. O disco ficou no topo das paradas britânicas, perdendo apenas para *Help!*, dos Beatles, para o azar da Decca. No ranking Billboard 200, nos Estados Unidos, o disco ficou em primeiro lugar.

Além dos dois materiais, os Stones lançaram um terceiro álbum no mesmo ano. *December's Children (And Everybody's)* foi lançado no dia 4 de dezembro de 1965. Suas gravações começaram logo depois do lançamento de *Out of Our Heads* no Reino Unido, entre os dias 5 e 6 de setembro. Esse disco foi lançado apenas nos Estados Unidos, com a mesma capa de *Out of Our Heads* na Inglaterra e com doze faixas que incluíam alguns materiais que a banda guardava desde 1963.

★

Andrew Oldham contratou Allen Klein para ajudar na administração dos Rolling Stones. Com uma fala mansa, Klein assumiu o papel de outro produtor de Oldham – Eric Easton, que estava doente – e vendeu a imagem dos Stones como um negócio lucrativo dentro do ascendente rock'n'roll britânico. Allen Klein também centralizou a captação de dinheiro, comprando mansões, carros e tudo o que os integrantes dos Rolling Stones queriam com seu crescimento profissional.

Nessa época, Mick e Keith eram considerados uma "fábrica de canções" da banda. Muitas composições eram finalizadas e colocadas na gaveta, para serem lançadas por outros artistas ou em outros discos.

Mick Jagger, pouco a pouco, passou a incorporar em suas letras uma crítica à sociedade norte-americana que conheceram, além de retratar o familiar moralismo inglês. No dia 24 de novembro de 1963, após o assassinato do presidente John F. Kennedy, o vice-presidente Lyndon B. Johnson assumiu o cargo e iniciou a Guerra do Vietnã. A convocação da geração que cresceu nos anos 1950 para o conflito armado serviu como fonte de inspiração para os temas das músicas de Jagger.

Para Keith Richards, Linda Keith era a fonte de inspiração. Ela foi uma de suas primeiras namoradas, quando ele ainda não estava mergulhado nas drogas e nem nas turnês ininterruptas que marcariam a carreira dos Rolling Stones.

> Hendrix começou a ganhar destaque na metade da década de 1960 como um contraponto à invasão britânica nos Estados Unidos. Ele tocava um rock que agradava os ingleses, mas era norte-americano, assim como Bob Dylan.

O guitarrista afirma em sua autobiografia que ela foi "a primeira a partir seu coração". Ela usava drogas pesadas, envolveu-se com produtores e cantores e chegou a mandar uma demo de Keith da música "Hey Joe" para Jimi Hendrix, o guitarrista negro e canhoto com quem teve um relacionamento, e que faria sucesso com essa composição. O fim do relacionamento deixou Keith Richards tão triste que ele perambulou chorando pelo bairro de St. Johns Wood. Hendrix partiria o coração da moça tempos depois.

★

No número 6363 da Sunset Boulevard, em Hollywood, os Rolling Stones gravaram seu quarto trabalho. *Aftermath* foi gravado entre os dias 3 e 8 de dezembro de 1965, no RCA Studios, onde a banda já havia gravado anteriormente. Após uma pausa, os trabalhos foram retomados entre 6 e 9 de março. O álbum foi lançado no dia 15 de abril de 1966 no Reino Unido, e no dia 20 de junho nos Estados Unidos, com capas diferentes.

Aftermath tinha catorze faixas na versão inglesa e onze na versão norte-americana. O material era 100% original, sem nenhum cover de Chuck Berry, Muddy Waters ou qualquer outro músico que Mick estivesse ouvindo naquela época. A proeza foi possível porque Mick Jagger e Keith Richards já tinham músicas prontas, finalizadas anos antes.

Nos Estados Unidos, o álbum foi marcado pela música "Paint It Black", que se tornou um clássico dos Rolling Stones, tendo sido lançada primeiro como single no país, no dia 7 de maio de 1966. "Brian Jones, transformado agora em multi-instrumentista, tendo 'desistido de tocar guitarra', tocava cítara", explica Keith Richards em sua autobiografia sobre o papel do outro guitarrista na canção de sucesso.

Jones sempre procurou outras abordagens na guitarra elétrica, como quando usava slide para tocar blues. Ao conhecer a cítara, foi um dos responsáveis por trazer a música oriental para os Rolling Stones, assim como George Harrison fez com os Beatles mais ou menos na mesma época. "Ele podia pegar qualquer instrumento que estivesse por ali e tocar alguma coisa", afirmou Keith, elogiando a versatilidade de Brian Jones.

A letra de "Paint It Black" ficou por conta de Mick Jagger. Mick diz que escreveu sobre o funeral de uma garota, dando um toque melancólico e provocativo para a composição. Keith Richards confirma a autoria de Mick Jagger em sua autobiografia. No entanto, o baixista Bill Wyman afirma que a composição foi um esforço coletivo, e não apenas da dupla Mick e Keith. E o próprio guitarrista afirma que não é possível dizer, com exatidão, quem fez o quê em cada música.

O fato é que, nesta canção, Wyman potencializou o som do contrabaixo com algumas notas de órgão. O baixista também colocou efeitos de *overdub* (sobreposição de um som a outro), editando o próprio som. Bernard Alfred "Jack" Nitzsche foi quem tocou piano nesta música.

> Jack Nitzsche nasceu no dia 22 de abril de 1937, em Illinois, Chicago, e morreu no dia 25 de agosto de 2000, em Hollywood, Califórnia. Jack trabalhou com Phil Spector e foi arranjador.

★

Andrew Loog Oldham participou de outra produção em 1966 além do disco *Aftermath*: o filme *Charlie Is My Darling*, dirigido pelo cineasta britânico Peter Whitehead com ajuda do empresário dos Rolling Stones. Eles registraram a segunda turnê dos Rolling Stones pela Irlanda. A gravação mostra momentos da banda antes de "Satisfaction" começar a fazer sucesso. Foi essa música que os guiou para o centro das atenções do show business.

"No palco existe algo sexual entre os espectadores e a banda", diz Mick Jagger, no documentário. *Charlie Is My Darling* acerta em mostrar como Mick estava, aos poucos, tornando-se o líder do grupo devido à sua sintonia com o público. Suas danças no palco, inspiradas nos músicos negros norte-americanos, ganharam personalidade com seus trejeitos pessoais. Mick Jagger contribuiu, inclusive, para que uma geração de mulheres se livrasse de opressões de cunho moral na sociedade inglesa dos anos 1960.

"Eu não sou músico, eu apenas toco em uma banda", afirma Keith Richards no mesmo documentário. O filme também mostra muitos registros de Brian Jones, que morreria poucos anos depois, e a calma e o bom humor de Charlie Watts, que contribuiu para o entrosamento e a sincronia entre todos os integrantes dos Rolling Stones. Embora seja um filme sobre os primeiros anos dos Stones, já revela os elementos que consagrariam a banda.

Charlie Is My Darling foi relançado pelo diretor Nathan Punwar no festival de filmes de Nova York, em 2012. O documentário foi restaurado para preservar uma memória importante sobre a carreira dos Stones, particularmente de Mick Jagger, registrando uma fase antes de o cantor se tornar o *sex symbol* do rock.

★

Entre 1962 e 1966, os Rolling Stones emendaram uma turnê atrás da outra, ininterruptamente. Após quatro anos de shows, eles estavam exaustos. Brian Jones, embora não fosse o compositor principal, havia convencido o produtor Eric Easton de que era o líder do grupo e que mandava nos demais integrantes. Por esse motivo, Jones ganhava cinco libras por semana a mais do que os outros. Embora Brian Jones tocasse vários instrumentos, desentendimentos como esse foram alguns dos motivos fundamentais para o desgaste no relacionamento dos roqueiros.

O ego de Jones foi piorando com a fama; ele gostava da bajulação e do destaque que passou a ganhar na televisão e na imprensa. Ele se encontrava com celebridades norte-americanas como Bob Dylan, e se gabava diante de Mick Jagger e Keith Richards.

A autoria das canções passou a gerar disputas dentro da banda. Mick e Keith foram eleitos por Andrew Oldham como compositores, deixando Brian Jones enfurecido por ter sido posto de lado. Ele era obrigado a tocar o que seus amigos haviam composto e isso se tornou uma afronta. Com má vontade, Jones costumava abandonar Keith Richards no palco, e o guitarrista era obrigado a improvisar muito para preencher o lugar da segunda guitarra nas músicas ao vivo. Podemos dizer que os conflitos entre os integrantes foram benéficos para Keith desenvolver suas habilidades no palco.

Nas gravações, a ausência de Brian Jones resultou em truques de estúdio para que as músicas parecessem ter a mesma formação do começo dos Rolling Stones. A banda passou a incorporar o *overdub* como regra para alguns instrumentos, principalmente para a guitarra elétrica. Keith Richards passou a gravar tanto a parte dele como a de Jones.

Brian Jones passou a consumir LSD e outras drogas pesadas com um pessoal da cena underground do rock nova-iorquino. O guitarrista dos Stones conheceu Lou Reed e seus amigos, como John Cale, e também uma garota chamada Anita Pallenberg, que conheceu em setembro de 1965, em um show na cidade de Munique, Alemanha. Anita apresentou Brian Jones a outro grupo, os Cammells.

Em 1966, Keith Richards começou a frequentar a casa de Brian Jones para se drogar com ele e Anita. Como Jones precisava de outro inimigo naquele momento, o alvo passou a ser Mick Jagger.

Na verdade, nessa época, o grupo todo mergulhou nas drogas. Começaram pela maconha, que relaxava para os shows e ajudava a enfrentar um cotidiano de agenda cheia. Foi só depois de quatro anos quase ininterruptos de atividade que o ácido apareceu. Em meados de 1967, consumindo essa droga, Keith Richards começou a ter visões distorcidas da realidade. "A coisa mais surpreendente que consigo lembrar sobre o ácido é observar aves voando – aves que ficavam voando em frente ao meu rosto e que não estavam ali de verdade", explica o guitarrista, que foi um dos maiores consumidores de entorpecentes do período. Assim como Keith, Brian Jones foi um assíduo consumidor de ácido. A heroína também foi incluída no repertório de drogas da banda, assim como a cocaína, no final da década de 1960.

★

As experiências psicodélicas, com influência de entorpecentes como o LSD, começaram a afetar os discos dos Stones após o fim dos shows. *Between the Buttons* teve a primeira sessão de gravação entre 3 e 11 de agosto de1966. O mesmo material passou por uma segunda gravação entre 8 e 26 de novembro do mesmo ano. A última parte foi realizada no dia 13 de dezembro. O álbum foi lançado no dia 20 de janeiro de 1967.

O disco não foi tão bem quanto os anteriores, ficando em terceiro lugar nas paradas britânicas e em segundo na Billboard 200, nos Estados Unidos.

O crítico da *Billboard* Christopher Walsh disse, em 2002, que esse trabalho reflete um Rolling Stones "fatigado". O pop feito pelo grupo se aproxima muito da sonoridade dos Beatles neste trabalho.

★

No dia 12 de fevereiro de 1967, Keith Richards foi parado em uma batida policial junto com outros artistas e uma garota chamada Marianne Faithfull. As manchetes dos jornais estamparam: "Garota nua em festa dos Stones". Segundo Keith, eles faziam festas regadas a muito ácido, e o flagrante foi armado pelo jornal sensacionalista *News of the World*. Mick Jagger ameaçou processar a publicação. O incidente foi fruto do sucesso de suas figuras como celebridades e do excesso de entorpecentes.

> Jornal que pertence à News Corporation, do empresário australiano Rupert Murdoch. Murdoch é dono da emissora Fox News e do jornal *The Wall Street Journal*. Desde 2011, suas empresas estão envolvidas em um escândalo de escutas telefônicas ilegais realizadas com celebridades. O processo judicial provocou alterações em seu conglomerado e determinou o fim do *News of the World*, que foi fechado no dia 10 de julho de 2011.

Então os Stones decidiram sair do Reino Unido para buscar mais drogas. Passaram por Paris e Espanha. Keith Richards acompanhou Brian Jones, que não parava de brigar com sua namorada Anita. Jones sofria de asma e queria que ela cuidasse dele em tempo integral. Ele era agressivo e batia na mulher, que revidava e o deixava ferido após as brigas. Keith nutria sentimentos secretos pela namorada do amigo.

Até que Anita transou com Keith Richards no banco de trás de um carro Bentley em algum lugar entre Barcelona e Valência. Os dois tiveram um caso de amor que poderia ter causado o rompimento dos Rolling Stones se Brian Jones tivesse descoberto. Jones, na época, sofria com os efeitos do consumo de ácido, havia contraído uma pneumonia, e foi se tratar em Londres. Quando Brian Jones encontrou novamente Mick e Keith, o relacionamento entre ambos estava fragilizado.

Certo dia, Jones brigou feio com Anita, ridicularizando-a diante de duas prostitutas. Anita resolveu fugir com Keith para Roma, na Itália. Mick Jagger havia partido com Marianne Faithfull antes. Jones ficou sozinho, indignado, e começou a namorar uma mulher chamada Suki Poitier.

Em Roma, Anita participou do filme *Barbarella*, com Jane Fonda, dirigido pelo marido da atriz, Roger Vadim. Na época, os Rolling Stones eram alvo de diversas batidas por porte de drogas, e chegavam a ficar por um dia na cadeia. Os embates entre os roqueiros e a polícia resultaram em vários processos judiciais. "Isso era em 1965, 1966 – um breve momento de liberdade total. Nem pensávamos que o que fazíamos era ilegal", diz Keith Richards em sua autobiografia. O constante pagamento de fianças garantia a liberdade dos Stones na época.

★

Em 1967, os Stones gravaram o álbum *Their Satanic Majesty Request*, o sexto trabalho de estúdio do grupo. O trabalho de gravação e produção do novo disco ocorreu entre os dias 9 de fevereiro e 23 de outubro de 1967, com os músicos afetados pelo uso de LSD. O material foi lançado no dia 8 de dezembro. A banda não queria gravar um disco, mas a gravadora Decca e os produtores pressionaram o grupo, que competia com *Sgt. Pepper's Lonely Hearts Club Band*, lançado no mesmo ano.

Sgt. Pepper's é atualmente considerado um dos melhores álbuns dos Beatles. Foi também o pontapé inicial para a fase recheada de drogas e de filosofia indiana do grupo formado por John Lennon, Paul McCartney, George Harrison e Ringo Starr.

Mas os Rolling Stones não fizeram feio. A capa de *Their Satanic Majesty Request* foi uma das primeiras do rock a ser feita com recursos 3D. O fotógrafo responsável pelo trabalho foi Michael Cooper, o mesmo profissional que fez as fotos de *Sgt. Pepper's*.

"Até há um ano ou dois, ele não era ninguém; agora, queria ser Phil Spector", afirmou Keith Richards em sua autobiografia, sobre o gigantesco ego de Andrew Oldham em 1967. Por esse motivo, o produtor começou a entrar em conflito com Mick Jagger, que havia se tornado o líder da banda. Então Mick, com consentimento do grupo, decidiu demiti-lo. Oldham não participou de *Satanic Majesty*.

"Todos os dias no estúdio eram uma loteria para aqueles que contribuíssem com alguma coisa positiva, se tivessem. Keith poderia chegar com algo para dez pessoas, Brian com mais meia dúzia de coisas e era o mesmo para Mick. Eles tinham várias namoradas e amigos. Eu odiava isso! Daí, novamente, Andrew apenas desistiu daquilo", disse Bill Wyman à *Rolling Stone* em 2002. A saída de Oldham ocorreu com consenso, mas isso não significa que o clima estivesse bom. Os Rolling Stones não estavam em sintonia.

Mesmo com todos esses problemas, o disco saiu com dez músicas originais, sendo "In Another Land" creditada ao baixista Bill Wyman. Anita Pallenberg, a garota que havia se envolvido tanto com Brian Jones como com Keith Richards, fez as vozes de fundo.

Their Satanic Majesty Request ficou em terceiro lugar nas paradas do Reino Unido, em segundo na Billboard 200 e estreou em primeiro lugar nas paradas da Austrália.

No Natal de 1967, Keith e Anita foram ao Marrocos. No país do norte da África, eles apreciaram haxixe e outras drogas, e Keith Richards contraiu hepatite, procurando tratamento em seguida.

Os Rolling Stones estavam sem rumo. Surgiram como uma banda de blues e, de propósito, fizeram músicas pop para alcançar a fama. Mergulhados no ácido, não haviam criado composições elaboradas para seu mais recente álbum, diferentemente do que havia acontecido com os Beatles. Mas a banda ainda passaria por diversas transformações.

★

A entrada de Jimmy Miller na administração da banda após a saída de Andrew Loog Oldham foi providencial para provocar uma transformação nos Stones. Miller nasceu no Brooklyn, em Nova York, mas cresceu no oeste dos Estados Unidos. Os Rolling Stones não estavam certos sobre a contratação, mas mesmo assim resolveram fazer um ensaio, sem muita pretensão em manter o executivo.

O entrosamento entre Jimmy Miller e Mick Jagger foi fundamental para permitir a entrada dele no negócio. Mick sentiu, logo

A banda também tinha os músicos Steve Winwood e Ric Grech.

no primeiro ensaio, que aquele deveria ser o homem a cuidar dos Rolling Stones. Miller havia trabalhado com o Blind Faith, banda composta pelos antigos integrantes do Cream, como Eric Clapton e Ginger Baker.

As músicas "Jumpin' Jack Flash" e "Street Fighting Man" foram os dois embriões do sétimo álbum de estúdio dos Rolling Stones, *Beggars Banquet*. "Jumpin' Jack Flash" não chegou a sair no disco, mas foi lançada como single no dia 24 de maio de 1968 no Reino Unido. A mesma música saiu no dia 1º de junho nos Estados Unidos.

Expressão original do idioma inglês para as frases musicais.

Keith Richards afirma que o *riff* de "Jumpin' Jack Flash" é "'Satisfaction' ao contrário". O guitarrista mostra, nessa música, a sua inspiração em melodias simples que tentam imitar instrumentos de metal, como o trompete.

Após o início dos conflitos no Vietnã, ocorreram protestos de estudantes da Sorbonne e da Universidade de Paris, em maio de 1968. Muitos alunos foram expulsos das instituições durante a mobilização, e o movimento ganhou força significativa com a adesão dos trabalhadores franceses. Proletários e estudantes fizeram ocupações e greves gerais por conta dos problemas econômicos que a França enfrentava na época. A mobilização envolveu 11 milhões de trabalhadores e 22% da população francesa, quase provocando o colapso do governo do presidente Charles de Gaulle, segundo a *Situationist International*.

Publicação dos jovens que se mobilizaram em maio de 1968.

Essa onda de protestos influenciou os Rolling Stones. "Salt of the Earth", a última música de *Beggars Banquet*, teve origem em uma ideia de Keith Richards de "beber em homenagem ao povo trabalhador". Embora o guitarrista tenha dado o palpite inicial, os versos se desenvolveram com o trabalho de Mick Jagger. O tom contestador dos Stones cresceu nesse trabalho, que começou a trazer de volta elementos do blues que haviam unido a banda em seu início.

As músicas em si possuíam uma forte veia acústica, poucas eram rock'n'roll puro, mostrando que as influências dos Rolling Stones eram mistas.

Beggars Banquet foi gravado entre os dias 17 de março e 25 de julho de 1968, no Olympic Studios, em Londres. Foi um trabalho inteiramente britânico, embora o produtor fosse o norte-americano Jimmy Miller. Além de Mick Jagger ter atuado de forma proativa na criação dos versos das músicas, Keith Richards passou a testar afinações alternativas na guitarra, conseguindo novas sonoridades em seu instrumento. O álbum foi lançado no dia 6 de dezembro de 1968 tanto nos Estados Unidos como no Reino Unido. A Decca cuidou do lançamento britânico, enquanto a London foi responsável pelo lançamento no continente americano.

"Mick e eu desenvolvemos as canções. Colocamos nossa música naquilo. *Beggars Banquet* foi como sair da puberdade", afirmou Keith Richards ao jornalista David Fricke, da *Rolling Stone*, em 2002.

Mesmo trazendo de volta a criatividade do grupo, o álbum ficou no terceiro lugar das paradas do Reino Unido e no quinto lugar do Billboard 200. No entanto, essas posições eram apenas um reflexo do florescimento de bandas de rock inglesas e norte-americanas, do crescimento da psicodelia e da criatividade dos músicos da década.

Keith Richards revelou que seus ídolos no período eram John Lennon e Gram Parsons, compositor que morreu por consumo letal de morfina no dia 19 de setembro de 1973. "Qualquer carapuça que o business queira pôr em você é imaterial, é só um ponto de venda, um meio para tornar as coisas mais fáceis", critica Keith em sua autobiografia. Essa atitude rebelde contra o que era geralmente aceito fez com que o guitarrista experimentasse afinações em sol e tirasse sonoridades pouco convencionais em seu trabalho. Esse espírito contestador também fez com que Mick Jagger agregasse um certo engajamento às letras das músicas. Mas, por outro lado, os Rolling Stones ainda faziam parte do sucesso do rock'n'roll inglês, mesmo que soassem diferentes dos Beatles.

> Parsons trabalhou em grupos como International Submarine Band, The Byrds, e The Flying Burrito Brothers, mas nunca teve um hit de sucesso instantâneo.

★

Mick Jagger queria montar um evento organizado pelos Rolling Stones com outras bandas de rock. O cantor se aproximou do diretor Michael Lindsay-Hogg, responsável por vídeos de músicas dos Stones como "She's a Rainbow" e "2000 Light Years from Home", ambas de 1967. Mick então queria fazer uma mistura de concerto de rock com circo. Foi dessa forma que nasceu o filme *The Rolling Stones Rock and Roll Circus*, gravado no dia 11 de dezembro de 1968.

Mesmo estando cansados, os Stones gravaram músicas com artistas como The Who, Taj Mahal, Marianne Faithfull, Jethro Tull, John Lennon e sua mulher, Yoko Ono. Surgiu, inclusive, a ideia de formar uma banda nova no meio do show. Ao executar a música dos Beatles "Yer Blues", John Lennon tocou com Eric Clapton na guitarra solo, Mitch Mitchell (da banda The Jimi Hendrix Experience) na bateria e Keith Richards no contrabaixo, uma escolha certamente inesperada. O "novo" grupo foi batizado de The Dirty Mac.

> O grupo The Dirty Mac tocou, no mesmo show, uma música chamada "Whole Lotta Yoko", com John Lennon, Yoko Ono e um violista chamado Ivry Gitlis. Na música, Yoko ficou cantando de maneira livre, o que era pouco comum, considerado vanguarda na época.

Antes de tocar "Yer Blues", John Lennon foi apresentado pelo próprio Mick Jagger, acabando com a imagem dos Beatles e dos Rolling Stones como inimigos. "John, eu gostaria que você falasse sobre seu novo grupo, The Dirty Mac", pede Mick com uma voz suave, antes da apresentação, enquanto John Lennon está comendo. Lennon explica de onde vieram todos os músicos. Ao vivo, o Dirty Mac soou como um supergrupo formado pelos melhores instrumentistas do rock e do blues dos anos 1960.

Mesmo com a qualidade das apresentações, os Stones vetaram o lançamento de *The Rolling Stones Rock and Roll Circus* pela BBC. O vídeo só foi lançado oficialmente em 1996.

★

Jean-Luc Godard era um dos fortes nomes no movimento francês conhecido como Nouvelle Vague, que criticava os padrões de qualidade do cinema dos anos 1950 e 1960. Depois de questionar a política americana e a Guerra do Vietnã, Godard resolveu dirigir um filme chamado *Sympathy for the Devil*, sobre as gravações dos Rolling Stones.

Embora o filme mostre os Stones criando uma música, Godard também retrata mensagens de crítica social e de defesa ao marxismo, mostrando grupos de negros ativistas norte-americanos em atividade. "O filme foi um monte de bosta total – as mulheres na ponte do Tâmisa, o sangue, a cena medíocre de alguns irmãos, quero dizer, Panteras Negras, apontando armas uns para os outros de maneira desajeitada em um ferro-velho em Battersea", opinou Keith Richards em seu livro.

O cineasta também chegou a causar um incêndio no Olympic Studios, em Londres, ao colocar papel higiênico perto de lâmpadas quentes. Seu filme foi registrado em cores.

Os Rolling Stones gravaram entre os dias 4 e 5 de junho a primeira tomada do single "Sympathy for the Devil". Uma segunda etapa ocorreu entre os dias 8 e 10 de junho.

Ao contrário do equilíbrio de outras canções, "Sympathy for the Devil" teve uma participação muito maior de Mick Jagger na composição, mesmo a música tendo sido assinada como Jagger/Richards. Mick foi influenciado pela leitura de Charles Baudelaire. "Foi uma ideia que eu peguei da escrita francesa", afirmou Mick Jagger à *Rolling Stone* em 1995. Embora não seja explícito, o cantor assume o papel de narrador e o de Lúcifer na canção. Essa interpretação fica clara no trecho: "Diga-me, amor, qual é o meu nome?".

> "Tell me baby, what's my name?", no original.

Mick Jagger também se inspirou nas canções folk de Bob Dylan. A principal intervenção de Keith Richards nessa música foi a mudança de tempo com uma percussão adicional. Segundo os próprios Rolling Stones, essa alteração transformou uma composição acústica em um samba.

"Sympathy for the Devil" e o álbum *Their Satanic Majesty Request* alimentaram rumores de que os Rolling Stones eram pratican-

Da esquerda para a direita, Eric Clapton, John Lennon, Mitch Mitchell e Keith Richards, tocando como The Dirty Mac.

tes de uma religião demoníaca. Como Mick Jagger foi o principal compositor da canção, ele estava diretamente envolvido com essas notícias e suposições sobre a banda. A polêmica ajudou os Stones a se tornarem ainda mais populares.

"Eu achei que era tudo uma coisa muito estranha, porque era só uma música. Não era como se fosse um álbum inteiro com vários sinais ocultos. As pessoas pareciam abraçar a imagem tão facilmente. Aquilo abriu o caminho para bandas de heavy metal de hoje", explicou Mick Jagger, em uma entrevista à revista *Creem*. Para Mick, a música acabou se tornando uma inspiração para subgêneros do rock, que passaram a abusar de música pesada e de referências ao ocultismo. As gerações das décadas de 1970 e 1980 cresceram imersas em um gênero denominado metal.

Keith Richards deu uma entrevista reveladora à *Rolling Stone* em 1971 sobre o impacto que "Sympathy for the Devil" havia provocado na crítica e nos próprios Stones. "Antes, nós éramos as crianças inocentes que apenas se divertiam por um bom tempo. Agora, eles estão dizendo: 'Eles são maus, eles são o mal'. Ah, eu sou mau, realmente?", perguntou, ironicamente, o guitarrista. Keith não fez apenas uma análise sobre a repercussão da música na banda, mas questionou as acusações da mídia. "Então, isso faz a gente começar a pensar sobre o mal... O que é o mal? Metade disso, eu não sei o quanto as pessoas pensam em Mick como o diabo ou apenas como um artista de rock bom ou o que mais?", disse o músico sobre a fama que Mick Jagger ganhou com a canção, causando controvérsia. "Há magos negros que pensam que estamos atuando como agentes desconhecidos de Lúcifer e outros que pensam que são Lúcifer. Todo mundo é Lúcifer", complementou o guitarrista. A entrevista causou polêmica, sobretudo a última frase.

Em 1995, também para a *Rolling Stone*, Mick explicou detalhes sobre "Sympathy for the Devil" que esclareceram em parte a polêmica que a música gerou em seu lançamento e também suas características peculiares.

Creem foi uma revista criada em Detroit por Barry Cramer, em março de 1969. Nasceu no auge da contracultura *hippie* e cobriu as primeiras bandas de heavy metal, como o Black Sabbath. Um dos jornalistas mais famosos da publicação foi Lester Bangs, que fazia reportagens sobre hard rock.

Mas as polêmicas dos Rolling Stones no período não ficaram apenas em "Sympathy for the Devil". "Street Fighting Man" chamou atenção, em fevereiro de 1969, por incentivar a revolta nas ruas ao mesmo tempo em que ocorriam protestos contra o Vietnã e a favor dos estudantes de Paris. "Eram tempos muito estranhos na França. Mas não só na França como também na América, por causa da Guerra do Vietnã e esses conflitos sem fim", disse Mick Jagger ao editor Jann Wenner, da revista *Rolling Stone*.

★

Em 1969, os Beatles estavam em crise. Nos primeiros anos da banda, Brian Epstein foi um executivo bem-sucedido ao vender a imagem de John, Paul, George e Ringo como a renovação do rock'n'roll, agora vindo do Reino Unido. Epstein morreu de overdose no dia 27 de agosto de 1967, após anos de tratamento contra seu vício em anfetaminas. O agente dos Beatles tinha insônia e usava drogas para diminuir os efeitos do cansaço.

Brian Epstein era muito próximo de John Lennon, e sua morte repentina, aos 32 anos, foi provocando, aos poucos, uma transformação no "Fab Four". Em 22 de novembro de 1968, o quarteto de Liverpool lançou o disco duplo *The Beatles*, mais conhecido como "o álbum branco", por não ter absolutamente nada na capa a não ser o nome da banda. O trabalho exibiu a musicalidade desconstruída de John Lennon, que agora estava influenciado por sua nova esposa, Yoko Ono. As tentativas de Lennon de mudar drasticamente o rock dos Beatles começaram a causar problemas entre ele e Paul McCartney, autor de boa parte das canções. George Harrison e Ringo Starr estavam se sentindo deixados de lado.

O álbum dos Beatles *Yellow Submarine* foi lançado no dia 17 de janeiro de 1969 e foi outro sucesso comercial, mas os problemas internos da banda permaneciam. O desastre viria com um projeto chamado *Get Back*, cujas gravações ocorreram em fevereiro de 1968, e entre janeiro e fevereiro de 1969. Os quatro músicos não se entendiam no estúdio e Yoko Ono intervinha nas participações de Lennon, diante de todos os integrantes. As brigas foram gravadas e liberadas para os fãs depois. Então, os Beatles desistiram de *Get Back* e começaram a gravar outro trabalho entre fevereiro e agosto de 1969. O resultado foi *Abbey Road*, lançado no dia 26 de setembro de 1969.

Assim como os Beatles, os Rolling Stones também enfrentavam uma crise nessa época, mas de natureza muito diferente. O oitavo disco de estúdio, *Let It Bleed*, seria gravado em duas sessões diferentes: uma em novembro de 1968 e outra entre fevereiro e novembro de 1969. O material foi criado no Olympic Studios, em Londres.

Em dezembro de 1968, os Stones pegaram um navio de Lisboa até o Rio de Janeiro. Foi a primeira vez que Mick Jagger e seus amigos pisaram em terras tupiniquins, e também aproveitaram para conhecer outros países da América do Sul, como o Peru. Mal sabiam eles que retornariam ao Rio cerca de quarenta anos depois, para fazer a maior turnê de sua história.

No Equador, perguntaram o que Mick e Keith queriam fazer na viagem. Eles não sabiam o que responder, mas o cantor disse uma frase que ficaria famosa: "Nós somos os Glimmer Twins". O termo seria usado pela dupla de músicos em seus futuros trabalhos.

> "Gêmeos do vislumbre", em tradução livre do inglês para o português.

Mick e seus amigos estavam consumindo heroína na época, uma droga pesada e que em pouco tempo substituiu o LSD, que trazia efeitos colaterais indesejados. Artisticamente, todos estavam produtivos na época, em comparação ao período de desentendimentos com Brian Jones e de problemas com Andrew Oldham na administração da banda. Pelo menos três músicas de *Let It Bleed* transformaram-se em hits: "Gimme Shelter", "You Got the Silver" e "You Can't Always Get What You Want". O disco ainda tem "Love in Vain", um cover de Robert Johnson, retomando as raízes dos Stones no blues.

"Foi um período muito produtivo e criativo, *Beggars Banquet*, *Let It Bleed* – algumas boas músicas foram compostas, mas nunca achei que as drogas, *per se*, tiveram muito a ver com eu ser produtivo ou não", afirma Keith Richards em sua autobiografia, defendendo que o uso de entorpecentes não alterou significativamente seu processo de composição.

Mas se as drogas não estimulavam novas músicas, elas certamente eram parte dos momentos dos Rolling Stones fora do estúdio. Os roqueiros começaram a causar polêmica na imprensa ao virarem notícia com suas extravagâncias. "Não procurava na heroína uma ajuda ou uma depreciação para o que estava fazendo. Nunca acreditei naquela bosta sobre tantos saxofonistas tomarem drogas por acharem que foi isso que tornou Charlie Parker grande como foi", completa Keith. Mesmo negando grande dependência de heroína, Keith levou outros músicos para o caminho das drogas. Um dos seus admiradores era John Lennon, que costumava beber e se drogar junto com o guitarrista. Lennon não aguentava a mesma carga de entorpecentes de Keith Richards e passava mal.

> Saxofonista norte-americano nascido em Kansas City, em 1920. Morreu em 12 de março de 1955, em Nova York. Era conhecido pelo apelido "Yardbird", que inspirou Eric Clapton e seus amigos a criarem a banda The Yardbirds.

No começo de 1969, Brian Jones ainda tocava alguns instrumentos e gravava com os Rolling Stones. No entanto, após as brigas por mulheres e pela liderança da banda, ele foi progressivamente se afastando do grupo. Em *Let It Bleed*, ele toca harpa em "You Got the Silver" e fez a percussão em "Midnight Rambler". A versatilidade do músico esteve presente até o último trabalho de Jones com os Stones.

Em maio daquele ano, Mick Taylor entrou na banda no lugar de Brian Jones, tocando guitarra elétrica com Keith Richards. No final de junho, poucas semanas antes de uma fatalidade, Mick Jagger e Keith foram até a casa de Jones em Winnie-the-Pooh, Cotchford Farm, que tinha pertencido ao escritor A. A. Milne antes de o roqueiro dos Stones comprá-la. Mick disse: "Olha, Brian... Acabou tudo, meu amigo".

> Escritor inglês de poesia para crianças. Viveu em Hartfield, East Sussex, na casa que depois pertenceu a Brian Jones.

Brian Jones morreu no dia 3 de julho de 1969. "Existe uma gravação conosco tocando um minuto e meio de 'I Don't Know Why', uma música de Stevie Wonder, e sendo interrompidos pelo telefonema contando que Brian tinha morrido", disse Keith Richards em sua autobiografia. Jones estava brigado com Mick Jagger por ele ter sido promovido a líder da banda. As brigas se transformaram em outros desentendimentos, principalmente entre Brian Jones e Keith Richards, por causa das mulheres que acompanhavam a banda.

Na madrugada do dia anterior, 2 de julho, Brian Jones usou sedativos e pulou na piscina. O instrumentista dos Rolling Stones tinha asma, problemas no fígado e pleurisia, condição em que o coração fica maior do que o normal. Seus problemas de saúde camuflavam uma suposta tolerância maior a drogas, o que fez com que ele consumisse diversos entorpecentes após brigar com os outros integrantes dos Stones. O corpo foi encontrado sem vida em sua casa na Inglaterra.

Assim que foi encontrado morto, surgiram rumores de que se tratava de um suicídio. Durante o enterro, um homem chamado Frank Thorogood teria confessado ter matado Brian Jones afogando-o na piscina. O caso de Frank só foi parar na imprensa em 1993. Em 2008, a publicação *Mail on Sunday* afirmou que Brian Jones havia brigado com Frank, citando fontes da polícia. Mesmo com a revelação, o processo da morte do ex-Rolling Stone não foi reaberto. Keith Richards afirma não saber o que realmente aconteceu.

"Não, eu realmente não me sinto culpado [pelo que aconteceu]. Acho que eu me comportei de uma maneira muito infantil, mas nós éramos muito jovens naquela época, e, em alguns aspectos, nós aporrinhávamos ele. Infelizmente, ele era um alvo fácil. Ele era muito, muito ciumento, muito difícil, muito manipulador", disse Mick Jagger sobre a morte de Brian Jones ao editor Jann Wenner, em 1995. E a vida continuou para os Rolling Stones.

"Acho que eu me comportei de uma maneira muito infantil, mas nós éramos muito jovens naquela época."

Eles tocaram no Hyde Park no dia 5 de julho, dois dias depois do falecimento de Jones. O show foi gratuito e atraiu cerca de meio milhão de pessoas. O concerto havia sido planejado meses antes para apresentar Mick Taylor, mas Mick Jagger resolveu também homenagear Jones. Mick leu trechos de um poema chamado "Adonais", uma peça criada por Percy Shelley para homenagear a morte de seu amigo John Keats, também poeta, que morreu de tuberculose. A banda abriu o concerto com a música "I'm Yours and I'm Hers", de Johnny Winters, uma das favoritas de Jones. "Queríamos nos despedir dele em grande estilo. Os altos e baixos com o cara são uma coisa, mas quando ele termina seu tempo, solte as pombas, que neste caso foram sacos repletos de borboletas brancas", disse Keith Richards, sobre a morte do amigo.

O guitarrista Pete Townshend, do The Who, fã de Brian Jones, fez uma poesia chamada "A Normal Day for Brian, a Man Who Died Every Day", publicada no jornal *The Times*. Jim Morrison, do The Doors, também escreveu um poema chamado "Ode to L.A. While Thinking of Brian Jones, Deceased". Jimi Hendrix dedicou uma performance na televisão a Brian Jones. Hendrix e Morrison morreriam tempos depois, também com 27 anos, a mesma idade de Jones quando faleceu.

Let It Bleed, que seria lançado após a morte de Brian Jones, tinha nove faixas e ficou em primeiro lugar nas paradas britânicas, mostrando a retomada da popularidade dos Rolling Stones, mesmo após o trágico acontecimento. No ranking norte-americano da Billboard Pop Albums, o material ficou em terceiro lugar.

No Reino Unido, *Let It Bleed* só foi superado por *Abbey Road*, o último álbum gravado pelos Beatles.

★

"(I Can't Get No) Satisfaction" surgiu quando os Rolling Stones estavam começando a amadurecer como banda, em 1965. Antes da gravação oficial, em 12 de maio, a banda tinha um registro da mesma música com algumas diferenças. "Satisfaction" foi gravada pela primeira vez no Chess Studios, em Chicago, no dia 10 de maio de 1965, com Brian Jones na gaita, instrumento normalmente tocado por Mick Jagger.

Nessa composição, assim como em "Paint It Black", nota-se um grande entrosamento entre Brian Jones e todos os outros integrantes dos Rolling Stones. Jones era um instrumentista habilidoso, mas que se tornou vítima de suas ambições e do abuso de drogas.

Nessas duas músicas, também podemos conferir o dom de Mick Jagger com as letras. "Satisfaction" pode ter um significado de protesto, demonstrando que a geração de roqueiros dos anos 1960 estava profundamente inquieta sobre a política no mundo. Outra interpretação afirma que a música tem uma conotação de falta de satisfação sexual.

As músicas mostravam a conexão de Mick com o público, e o "algo sexual" que existe nesse diálogo. No entanto, isso não seria possível sem o conhecimento instrumental de Brian Jones nos primeiros anos de carreira. E nem sem o entrosamento do cantor dos Rolling Stones com Keith Richards, o guitarrista companheiro de composições.

HEAVY METAL E ROLLING STONES

O metal surgiu entre o fim da década de 1960 e o começo dos anos 1970 como um subgênero do rock'n'roll. Não há uma data certa para o começo do heavy metal, mas a transformação de algumas bandas e de alguns intérpretes do estilo dão pistas de como os roqueiros começaram a tocar pesado.

"Sympathy for the Devil" foi lançada como single no Japão em 1969, e em 1973 na Europa continental. O processo de gravação da música foi registrado em um documentário dirigido pelo cineasta Jean-Luc Godard, em 1968. A composição dos Rolling Stones abre o álbum *Beggars Banquet*, também lançado em 1968.

Mick Jagger escreveu e compôs boa parte de "Sympathy". Coube a Keith Richards mudar o tempo da composição, transformando-a quase em um samba. As referências ao diabo nessa obra dos Stones serviram de inspiração aos primórdios do heavy metal, que também passou a abordar temas como o ocultismo.

A mobilização em torno do festival de Woodstock, que ocorreu entre os dias 15 e 18 de agosto de 1969, também ajudou a criar o metal, apesar de ter colocado em evidência os *hippies*, praticantes de um movimento que pregava "paz e amor", sexo livre e pacifismo na sociedade conservadora dos Estados Unidos, que defendia a Guerra do Vietnã. Entre os músicos, destacaram-se atrações como Carlos Santana, Grateful Dead e The Who.

Outro criador do heavy metal também estava no Woodstock: Jimi Hendrix, que fez sucesso no rock tocado tradicionalmente por brancos. Hendrix abusou de efeitos de *wah-wah* nas guitarras e também simplificou os acordes, utilizando uma técnica consagrada e simples chamada "Power Chords". É importante também lembrar que Hendrix aproveitou o máximo da potência dos amplificadores do engenheiro inglês Jim Marshall. Jimi utilizava as caixas de som com o máximo de saturação, dando todo o peso que seria reconhecido como heavy metal posteriormente, nos anos 1970.

O trio de músicos do Cream, formado por Eric Clapton, Ginger Baker e Jack Bruce, foi um dos grupos pioneiros do metal. Em músicas como "White Room", o virtuosismo da guitarra de Clapton ganha outros ares com a batida agressiva de Baker e a voz potente de Bruce. Ginger Baker e Jack Bruce brigavam muito, mas o Cream contribuiu para disseminar as vantagens das improvisações na música. Além de tocar quase como uma banda de hard rock, eles também tinham a semente do rock progressivo, que explorava o aperfeiçoamento técnico dos músicos.

O primeiro uso documentado na imprensa da palavra heavy metal foi do jornalista Barry Gilfford, em 1968. O termo foi usado em um artigo sobre a banda Electric Flag na revista *Rolling Stone*, descrevendo o som do grupo como "um blues branco e um heavy metal rock". Outro crítico da mesma publicação, Mike Saunders, usou o termo em 1970 para explicar que a banda Humble Pie tinha músicas "altas e barulhentas" que o desagradaram.

Por fim, o último grande nome da imprensa a ser mencionado é o de Lester Bangs, da revista *Creem* e também da *Rolling Stone*. Acompanhando de perto os novatos do Black Sabbath e do Led

Zeppelin, Lester difundiu o novo estilo musical pelo mundo em dezenas de artigos.

Em 1968, o Led Zeppelin surgiu do sucesso que o guitarrista Jimmy Page fazia com os The Yardbirds, unindo também o talento do baterista John Bonham, do baixista John Paul Jones e do vocalista Robert Plant. Excursionando pelo mundo, o Zeppelin ganhou fama como banda de rock pesado, mas sem nunca perder suas raízes do blues. O tipo de música que a banda de Page fazia tinha raízes muito similares às dos Rolling Stones.

Deep Purple também foi outro nome importante para a formação do heavy metal. A banda surgiu de uma iniciativa diferente, de um projeto chamado Roundabout. Nesse grupo, os músicos trocavam de instrumentos. O grupo acabou evoluindo para uma banda de rock com influências eruditas. O Purple atingiu popularidade nos anos 1970, consolidando o tecladista e especialista em órgãos Jon Lord, o baterista versátil Ian Paice, o baixista Roger Glover, o vocalista que abusava de agudos Ian Guillan e o guitarrista com influências de música erudita Richie Blackmore. Mas não foi somente essa formação que ganhou destaque, revelando outros músicos nas diversas trocas de integrantes, como o vocalista David Coverdale, o baixista e vocalista Glenn Hughes e o segundo guitarrista de maior sucesso na banda, Steve Morse. Entre reuniões e brigas, o Deep Purple marcou toda uma geração com complexas composições, que iam das notas básicas de músicas como "Smoke on the Water" até solos instrumentais extensos na guitarra.

O metal se firmou como um estilo musical no Reino Unido. O Black Sabbath surgiu em 1970, com o nome inspirado em um filme B de terror. Tony Iommi, Geezer Butler, Bill Ward e Ozzy Osbourne trouxeram músicas obscuras, com temas como magia negra, muito polêmicas na época. O estilo do Sabbath imitava um pouco os Rolling Stones em "Sympathy for the Devil". Assim como o Purple, o Black Sabbath teve outras formações, devido a brigas dos integrantes originais, que revelaram músicos expressivos como o cantor Ronnie James Dio e o baterista Vinny Appice. A banda não trazia somente o sombrio, o épico e o satânico nas canções, mas traduzia também, em obras como "War Pigs", a realidade dos próprios músicos, vindos da cidade operária de Birmingham, Inglaterra.

Os cabelos longos dos integrantes do Black Sabbath e suas roupas pretas definiram a estética do heavy metal para os próximos anos. Bandas como o Led Zeppelin, o Deep Purple e o Black Sabbath deram forma a esse subgênero do rock.

Mick Jagger com os Rolling Stones em show em Brussels, Bélgica, em 6 de maio de 1976.

Gijsbert Hanekroot/Redferns

CAPÍTULO 3: IT'S ONLY ROCK'N'ROLL (BUT I LIKE IT)

Os Rolling Stones lançam um selo e uma gravadora, após o fim do contrato com a Decca. "Exile on Main St." marca uma mudança na banda em seu exílio do Reino Unido. Mick Taylor permanece alguns anos no posto de Brian Jones. Ronnie Wood se junta aos Stones, após tocar com Jeff Beck, Rod Stewart e The Faces. Mick conhece David Bowie, o camaleão do rock inglês.

De volta aos Estados Unidos, os Rolling Stones fizeram uma turnê com o rei do blues, B.B. King, e o casal Ike e Tina Turner. Nesses shows, Mick Taylor foi, pela primeira vez, apresentado oficialmente no lugar de Brian Jones. Era novembro de 1969. Keith Richards também aproveitou para mostrar novos acordes abertos com afinações diferentes na guitarra elétrica, tornando o som dos Stones bem particular.

Nesse mesmo ano, Keith Richards teve seu primeiro filho, batizado de Marlon, em homenagem ao ator Marlon Brando. O menino foi fruto da união dele com Anita Pallenberg, a mulher que Keith roubou de Brian Jones.

Entre os dias 2 e 4 de dezembro de 1969, os Stones viajaram até Sheffield, no estado norte-americano do Alabama. Lá eles começaram a gravar em um local chamado Muscle Shoals Sound Studio.

Essas gravações deram origem ao próximo trabalho da banda, o primeiro da década de 1970: *Sticky Fingers*.

Logo na primeira sessão, Mick Jagger e Keith Richards registraram "Brown Sugar", uma das músicas mais tocadas nos shows dos Rolling Stones. Embora os dois sejam autores da música, a composição teve uma participação maior de Mick Jagger. Mick fez um trabalho autoral nessa letra, referindo-se a Marsha Hunt, amante secreta do cantor e mãe de sua primeira filha, Karis Jagger, que nasceu em 1970. Marsha, ao contrário de outras mulheres e amantes de Mick, jamais exigiu pagamentos regulares de pensão, pedindo apenas que o cantor visitasse sua filha. A atitude de Marsha Hunt era condizente com o discurso das mulheres libertárias dos anos 1960, menos interessadas em dinheiro e mais engajadas em atitudes.

> A informação foi revelada na biografia de Mick Jagger, *Rebel Knight*, do autor Christopher Sanford. O caso de Marsha seria o primeiro entre os muitos romances de Mick que não resultaram em casamento. Entre os membros dos Rolling Stones, Mick Jagger é um dos que mais teve esposas e amantes.

Em 1995, Mick Jagger disse a Jann Wenner, da *Rolling Stone*, que o "bom groove" de "Brown Sugar" foi responsável por seu sucesso. Mick também havia dito, em 1993, numa compilação de álbuns chamada *Jump Black*, que a letra de "Brown Sugar" é "uma combinação dupla de drogas e garotas". Dessa forma, Mick estava colocando a sua vida pessoal em uma balada de hard rock meio blues que iria estourar no mundo pop.

"Fiquei observando Mick escrever a letra [de Brown Sugar]. Levou talvez 45 minutos. Escrevia tão rápido quanto conseguia mover a mão. Nunca tinha visto uma coisa assim", disse Jim Dickinson, produtor e pianista nascido no Arkansas, que acompanhou os Stones nesse disco.

Uma versão alternativa de "Brown Sugar" foi gravada no Olympic Studios, em Londres, no dia 18 de dezembro de 1970. O registro ocorreu durante e depois de uma festa de aniversário em homenagem ao guitarrista Keith Richards, que completou 27 anos na época.

Durante a gravação do disco *Sticky Fingers* ocorria uma mudança drástica nas carreiras de Mick Jagger, Keith Richards, Mick

Taylor, Charlie Watts e Bill Wyman. Os contratos com as gravadoras Decca (Reino Unido) e London (Estados Unidos) haviam terminado. Os Stones, em uma atitude inovadora, decidiram criar seu próprio selo e cuidar das próprias gravações. Dessa forma, agora também era a própria banda que definia o conteúdo das capas de seus álbuns.

O logotipo dos Rolling Stones – uma boca mostrando a língua – foi criado em 1970 e encomendado por Mick Jagger ao designer John Pasche. Ele passou a ser utilizado em 1971, depois que a banda decidiu produzir seus próprios discos. O logotipo passou a ser associado rapidamente ao grupo, aparecendo em aviões de viagem e em capas de álbuns. A inspiração do desenho foi a boca do próprio Mick Jagger, que possui lábios grossos e grandes. Quando ele era mais jovem, esses lábios eram motivo de *bullying* na escola, porque eram parecidos com os de um menino negro.

Como a banda toda deveria produzir as músicas, Mick Jagger aprendeu a tocar guitarra e contribuiu também no trabalho de composição instrumental, não ficando restrito ao seu trabalho no vocal e nas letras.

Justamente por tanta autonomia, começaram a surgir alguns problemas na banda. Jim Dickinson disse que Keith Richards escreveu "Wild Horses" originalmente como uma canção de ninar para seu filho Marlon. Era uma música pessoal do guitarrista. Mick Jagger pegou a letra toda e a reescreveu, agora falando sobre a namorada Marianne Faithfull de maneira juvenil. Keith chegou a fazer um breve protesto, mas a música se desenvolveu bem na interpretação de Mick, com todos tocando e cantando juntos. Mick Jagger levou em torno de uma hora para mudar todo o trabalho de Keith Richards.

Enquanto gravavam *Sticky Fingers*, os Stones fizeram apresentações nos Estados Unidos. Um concerto famoso foi o de Altamont, no dia 6 de dezembro de 1969: um show gratuito para cerca de 500 mil pessoas, em um autódromo, com a presença do Grateful Dead. Não

> Banda criada no berço do movimento *hippie*, em São Francisco, nos Estados Unidos. Era formada por Jerry Garcia (guitarra e vocais), Bob Weir (guitarra e vocais), Phil Lesh (baixo e vocais), Bill Kreutzmann (bateria), "Pigpen" McKernan (teclado, vocais, gaita e percussão).

havia muitos policiais para controlar a multidão, e a segurança estava sendo feita por membros da gangue de motociclistas Hell's Angels.

Os Angels fizeram a segurança dos Stones por recomendação do próprio Grateful Dead. A presença da gangue não impediu o assassinato de um jovem de dezoito anos chamado Meredith Hunter, morto ao tentar chegar ao palco dos Rolling Stones. Ele foi agarrado por um dos Hell's Angels e esfaqueado. Hunter estava armado e quase foi contido por sua namorada, Patty Bredahoft, antes de ser assassinado. Mick Jagger estava cantando a música "Under My Thumb" quando o fato aconteceu, após a performance de "Sympathy for the Devil", que tinha terminado em pancadaria.

"Ei, cara, nós estamos acabando... você sabe, se esses caras não podem, se vocês, pessoas, não puderem... nós estamos indo, cara, se esses caras não pararem de bater nas pessoas diante de nossos olhos! Eu quero eles fora da minha visão, cara!", gritou Mick, sem saber da morte de Meredith Hunter, apenas pedindo para a confusão acabar. Com o fim das brigas entre a gangue e o público, os Rolling Stones continuaram o show. Mick só soube da morte de Hunter quando viu uma gravação na manhã seguinte.

Foi em Altamont que os Stones tocaram "Brown Sugar" pela primeira vez. O evento teve mais três mortes, causadas por um acidente de carro, e quatro nascimentos foram registrados no local. Era o auge do movimento *hippie* e os Estados Unidos estavam passando por uma profunda transformação com a contracultura jovem. "[Era] o ápice da comuna *hippie* e do que pode acontecer quando as coisas dão errado. E fiquei admirado por as coisas não terem dado mais errado ainda", diz Keith Richards sobre o mesmo concerto.

Cena do documentário *Gimme Shelter* sobre o fatídico show de Altamont, em 6 de dezembro de 1969. A foto mostra os Hell's Angels batendo em fãs com tacos.

"Gimme Shelter" foi lançada um dia antes do show de Altamont, no dia 5 de dezembro de 1969, e se tornou um hino da era *hippie*. Escrita por Mick Jagger, a letra fala sobre a Guerra do Vietnã e sobre uma geração perdida em um conflito considerado por eles inútil e violento. "Era uma música sobre o fim do mundo, de verdade. Era o apocalipse, toda aquela gravação era sobre isso", explicou Mick ao editor Jann Wenner na *Rolling Stone* de 1995.

O show em Altamont foi registrado em um filme de 1970 chamado *Gimme Shelter*, dirigido por Albert e David Maysles, além de Charlotte Zwerin. O longa foi exibido em Cannes e mostra detalhes dos Stones naquele show, como a banda chegando de helicóptero, além das confusões e do assassinato. O documentário mostra o momento exato em que Meredith Hunter é esfaqueado. O Hell's Angel que o matou é Alan Passaro, que tinha 22 anos na época. Passaro foi a julgamento em Oakland, e o júri concluiu que quem fazia uma ameaça armada perto de um Hell's Angels merecia tudo o que recebesse. Obviamente, o julgamento terminou desta maneira pelo fato do homem morto ser negro.

★

Mesmo com clima pesado pelos protestos da geração *hippie* na época das gravações de *Sticky Fingers*, os Rolling Stones estavam novamente mais unidos graças ao novo guitarrista, Mick Taylor. Em um ambiente sem as brigas provocadas por Brian Jones, Taylor se mostrou um instrumentista que rapidamente se adequou ao modo de trabalho da banda. "Mick Taylor era virtuoso, e eu era muito cru", explicou Keith Richards sobre suas diferenças instrumentais com o novo guitarrista do grupo.

Nessa época, Mick Jagger cresceu como compositor e também como líder da banda. Sem as disputas com Jones, Mick se sentiu cada vez mais à vontade para opinar nas composições e, muitas vezes, trazer

Cartaz de divulgação do show de Altamont. O evento foi gratuito e contou com a participação de cerca de 500 mil pessoas. Meredith Hunter, de dezoito anos, foi morto nesse dia.

GAB Archive/Redferns

músicas prontas para a banda. "É inacreditável como era produtivo. Às vezes ficava admirado de como ele podia criar tanta coisa. Nos dias bons, ele aparecia com tantas letras que acabava entupindo as ondas sonoras. Não estou me queixando. É muito bonito ser capaz disso. Não é a mesma coisa que escrever poesia ou mesmo pôr uma letra no papel. É fazer as coisas caberem em algo que já foi criado. Pois é isto o que é um letrista – um sujeito que pega uma melodia e determina como vão ser os vocais. Nisso, Mick é brilhante", comenta Keith Richards.

Posteriormente, o relacionamento de longa data que Keith e Mick estabeleceram em suas carreiras com os Rolling Stones sofreria divergências. No entanto, o guitarrista nunca deixou de reconhecer o dom do vocalista dos Stones em encaixar ótimas letras em melodias fáceis de serem assimiladas, em um rock baseado em seus gostos pessoais.

Na mesma época, os Rolling Stones estavam no meio de uma briga com Allen Klein, o agente que assumiu a coordenação da banda em 1965 por indicação de Andrew Loog Oldham. Mick Jagger estava encabeçando o embate. Então Mick acabou se aproximando de Rupert Loewenstein, um executivo que não gostava de rock, mas que já era do mercado e era mais confiável. Rupert gostava de Mozart e não tinha ouvido Stones até conhecer Jagger.

No Reino Unido, os Rolling Stones tinham uma empresa chamada Nanker Phelge Music, o mesmo nome que Mick Jagger e Keith Richards usavam para assinar suas composições nos primeiros discos da banda. Os músicos foram até Nova York e pediram para Allen Klein e a administração da banda criar uma Nanker Phelge nos Estados Unidos. O que eles só descobriram em 1969 foi que Klein não havia criado a empresa da forma correta, e estava sendo creditado como único proprietário do material dos Rolling Stones. Tudo o que era produzido pela Decca, na Inglaterra, ou pela London, nos Estados Unidos, ia para o bolso do executivo.

Allen Klein foi banido dos Stones pela fraude, mas conseguiu ficar com os direitos de "Wild Horses", de *Sticky Fingers*, e de "Angie", de *Goats Head Soup*, disco de 1973. "Especialmente no começo, não era importante ganhar dinheiro, mas usar a maior parte dele no que queríamos fazer. Assim, o mais importante nisso tudo é que Allen Klein nos formou e nos fodeu ao mesmo tempo", explicou Keith Richards, lembrando que a família de Klein tem, até hoje, os direitos sobre a música "Satisfaction". O executivo morreu em 2009, em decorrência da doença de Alzheimer. Mick Jagger descobriu a fraude de seu ex--empresário graças às aulas que teve na London School of Economics.

O empresário Marshall Chess vendeu o negócio de sua família (também chamado Chess) e foi convidado a fundar uma nova gravadora. Com a expulsão de Allen Klein, em 1970, e o fim dos contratos da Decca e da London, o grupo sentiu que precisava fazer esse tipo de negócio.

> Produtor e empreendedor que trabalhou com os principais nomes do blues que influenciaram os Stones, como Howlin' Wolf, Little Walter e Bo Diddley. Nascido em Chicago, foi um dos nomes chamados pelo grupo de Mick Jagger para participar de um novo negócio que se formaria em torno da banda ascendente de rock.

A Rolling Stones Records surgiu em 1971, em parceria com a Atlantic Records para distribuição. Rupert Loewenstein pagou as dívidas de empréstimos que os Stones tinham realizado nas turnês com Allen Klein.

O disco *Sticky Fingers* teve sessões de gravação no dia 17 de fevereiro de 1970, depois entre março e maio, e mais sessões de 16 de junho até 27 de julho daquele ano. Os Stones se reuniram novamente entre 17 e 31 de outubro. As últimas gravações aconteceram em janeiro de 1971. Todas essas sessões foram no Olympic Studios, em Londres.

O álbum saiu no dia 23 de abril de 1971. Como os Rolling Stones faziam turnês e shows enquanto gravavam o material, muitas músicas novas já eram conhecidas antes mesmo do lançamento. A capa do disco fez sucesso, mostrando uma foto com um close em uma calça jeans. Apesar da popularidade da foto, *Sticky Fingers* chegou com uma cara diferente na Espanha: a versão alternativa mostrava uma mão saindo de uma lata de molho.

Hulton Archive/Getty Images

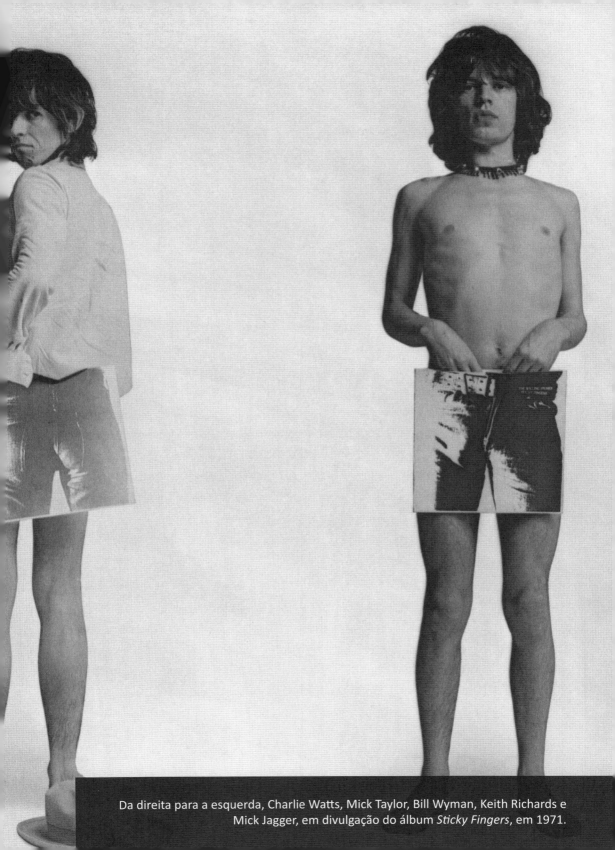

Da direita para a esquerda, Charlie Watts, Mick Taylor, Bill Wyman, Keith Richards e Mick Jagger, em divulgação do álbum *Sticky Fingers*, em 1971.

Com dez músicas, *Sticky Fingers* ficou no topo das paradas britânicas, canadenses, alemãs, australianas e também da Billboard Pop Albums, nos Estados Unidos. *Brown Sugar* ficou em segundo lugar nos singles do Reino Unido, mas alcançou o topo da lista da Billboard Hot 100. "Wild Horses" ficou na 28ª colocação do mesmo ranking de singles.

★

Entre 1971 e 1972, a fotojornalista Annie Leibovitz conheceu os Rolling Stones em São Francisco. Ela era repórter da revista *Rolling Stone* e se envolveu diretamente com a banda. Chegou a vê-los consumindo drogas e completamente chapados.

Leibovitz acompanharia os Stones em uma turnê em 1975. Ela ficou famosa por registrar Mick e Keith trabalhando, tocando, sempre em ação.

Outro trabalho bastante famoso que Annie Leibovitz fez com roqueiros foi o retrato de John Lennon e Yoko Ono, tirado em 8 de dezembro de 1980, no qual Lennon aparece nu e Yoko, vestida. A fotógrafa colocou a imagem, registrada dias antes de John Lennon ser assassinado a tiros, na capa da revista *Rolling Stone*.

★

Depois de *Sticky Fingers*, os Rolling Stones fizeram um enorme disco repleto de faixas, chamado *Exile on Main St*. As gravações desse novo material começaram em junho de 1969, mas já havia algumas músicas prontas em 1968. "Depois que acabou o nosso contrato com Allen Klein, nós não queríamos dar a ele [as faixas anteriores]", explicou Mick Jagger, que estava focado em produzir as próprias músicas daquele ponto em diante.

As primeiras criações do novo disco nasceram no Olympic Studios, em Londres, mas os Rolling Stones não conseguiram gravar mais lá. Com problemas de impostos, o grupo teve que sair do Reino Unido. Eles decidiram, então, viajar para a França. Mick Jagger estava noivo de Bianca Jagger, sua primeira esposa. Keith Richards alugou uma mansão em Nellcôte, em Villefranche-sur-Mer, perto de Nice.

A casa que os Stones utilizaram para gravar possuía muitas histórias e lendas. A mansão de Nellcôte provavelmente foi construída no final do século XIX. Keith Richards diz que viu suásticas nas saídas do aquecimento do porão. Por esse motivo, eles imaginaram que o estabelecimento pertenceu à Gestapo durante a ocupação alemã em terras francesas, na Segunda Guerra Mundial. "Era muito *hitleresco*. Como os últimos dias em Berlim", explicou o guitarrista à revista *Rolling Stone*, sobre o porão transformado em estúdio.

Keith tinha tentado se livrar da heroína na época de *Sticky Fingers*, mas sem sucesso, e consumia o entorpecente diariamente durante a gravação de *Exile on Main St.*, segundo o baixista Bill Wyman. O guitarrista tem outra versão da mesma história. "Você está dependente quando não faz nada enquanto não põe as mãos na droga. Toda a sua energia vai para isso. Eu trazia uma pequena dose de manutenção, mas, na minha cabeça, tinha ficado limpo", disse Keith Richards sobre o assunto.

O problema é que, na mesma época em que chegaram à França, Keith Richards sofreu um acidente. O guitarrista estava andando de kart em uma pista em Cannes quando caiu no chão e o veículo passou por cima de seu corpo, arrastando-o. Keith Richards tomava doses diárias de morfina, que o deixaram rapidamente viciado novamente. Com fornecedores franceses novos, Keith voltou a consumir heroína com Anita Pallenberg.

Mesmo com as histórias de Keith Richards, Mick Jagger minimizou alguns mitos sobre a mansão no sul da França em entrevista à *Rolling Stone*. "As pessoas gostam de pensar que Nellcôte era caótica.

Algumas sessões no [estúdio] Olympic, nos anos 1960, eram incrivelmente caóticas. Cheias de pessoas que estavam por ali e, sabe, um desastre. Muito divertidas, mas um tanto deficientes como máquina de gravação. Talvez algumas sessões em Nellcôte tenham sido assim, e outras foram dias de trabalho bons e fortes", explicou o cantor dos Stones. Keith Richards concordou com o amigo e ainda completou: "Não dá pra compor, gravar e abusar ao mesmo tempo. Nenhuma bailarina de dança do ventre ou orgias, embora as pessoas gostem de imaginar isso, e eu também, mas não, estávamos ocupados demais trabalhando, cara. Na verdade, eu ia levar as dançarinas, mas elas ficaram presas em Paris".

Bianca Pérez-Mora Macias conheceu Mick Jagger em um concerto dos Rolling Stones no mês de setembro de 1970. Ela era de Nicarágua e atraiu a atenção do vocalista. Poucos meses depois de Bianca ter conhecido o cantor, ela engravidou. O casal se uniu no dia 12 de março de 1971. "Mick organizou o que, na sua opinião, era um casamento calmo, e por isso escolheu Saint-Tropez no auge da temporada. Nenhum jornalista ficou em casa no dia", disse Keith Richards, sobre o casamento do amigo, num tom irônico em sua autobiografia. Uma das madrinhas era Nathalie Delon, esposa do astro do cinema francês Alain Delon. Bobby Keys, um dos padrinhos de Mick, ficou atraído por Nathalie. O caso gerou o divórcio de Alain Delon.

Os problemas no relacionamento de Mick Jagger começaram a surgir pouco depois do casamento. "Só vim a conhecer as qualidades de Bianca mais tarde. Mick nunca quer que eu converse com suas mulheres. Elas acabam vindo chorar no meu ombro quando descobrem que ele aprontou outra vez. Já choraram no meu ombro Jerry Hall, Bianca, Marianne, Christie Shrimpton...", comentou Keith Richards sobre as lamentações das mulheres que se envolveram com o vocalista. "Elas vêm perguntar a mim o que devem fazer. Como eu vou saber? Eu não vou fodê-lo!", completou o guitarrista.

Antes de conhecer Mick Jagger, Bianca namorou o ator Michael Caine. O artista a levou para Londres, onde amigos em comum poderiam tê-la apresentado ao rockstar Mick. Isso não aconteceu, mas Bianca se separou de Caine alegando que o ator era "indelicado e superficial". "[Ele] me tratava como se eu fosse sua gueixa", disse a futura mulher do cantor dos Rolling Stones sobre o ex-namorado.

> Michael Caine interpretou o mordomo Alfred na trilogia de filmes do Batman dirigidos por Christopher Nolan: *Batman Begins* (2005), *The Dark Knight* (2008) e *The Dark Knight Rises* (2012).

Ao se juntar ao grupo de Mick, Bianca Jagger foi bem recebida por Keith, que compareceu ao casamento. Mas nem todos a receberam da mesma forma. Anita Pallenberg fingiu dar boas-vindas, mas fofocava e fazia intrigas contra Bianca pelas costas. Anita chegou a pedir que o traficante Tony Sanchez investigasse um boato de que a nova esposa de Mick Jagger teria feito uma cirurgia de mudança de sexo.

A filha de Bianca e Mick nasceu em 1971, e ganhou o nome de Jade Sheena Jezebel Jagger. Os pais deram esse nome por conta dos olhos claros que ela possui.

Mesmo com o nascimento da filha, Mick Jagger não deixou de trair Bianca. Ela era atraente por seu estilo e por sua vida parisiense, mas Mick não conseguia conter seus impulsos nos bastidores de sua vida como estrela de rock.

Bianca Jagger se tornou, anos depois, porta-voz da Anistia Internacional, lutando pelos direitos humanos. Era uma mulher de personalidade forte, que contrastava com o egocentrismo de Mick. "A única coisa ruim era que ela não era uma pessoa a quem se podia contar uma piada. Ainda estou tentando achar uma coisa capaz de fazê-la rir. Se ela tivesse senso de humor, eu teria casado com ela", disse Keith sobre a primeira esposa de Mick.

Mick Jagger queria que *Exile on Main St.* fosse gravado em um estúdio, da maneira convencional como os Stones faziam nos primeiros trabalhos. Já Keith Richards acreditava que apenas os recursos e os músicos certos eram suficientes. "Quando você tem o equipamento e os caras certos, não é preciso mais nada em termos de estúdio. Só Mick ainda pensa que precisamos fazer a coisa em um estúdio 'de verdade' para preparar uma gravação de verdade", desabafou o guitarrista em sua autobiografia. As diferenças entre a principal dupla de compositores sempre fez parte da relação entre Mick e Keith.

Na França, existia um clima de liberdade entre os Rolling Stones que não havia nos discos dos anos 1960. Os músicos faziam pequenas viagens e viravam a madrugada compondo as músicas como desejavam. "Também costumávamos ir a Monte Carlo almoçar. Bater um papo com a turma de Onassis ou de Niarchos, que mantinham lá seus enormes iates. Era quase possível ver as armas apontadas um para o outro. Saiu daí o título de *Exile on Main St.* Quando fizemos o título, sentimos que ele funcionava muito bem para os Estados Unidos, pois nesse país cada cidade tem sua *Main Street* [rua principal]. A nossa *Main Street* era a Riviera. E éramos exilados", explicou Keith. Como os Stones passavam por muitos lugares, definiam o Mar Mediterrâneo e os países próximos como a *Main Street* para onde tinham fugido com o intuito de criar um material novo.

Jimmy Miller era um baterista habilidoso que, além de trabalhar com produção musical, foi responsável pela percussão em músicas como "Happy" e "Shine a Light", substituindo Charlie Watts quando ele não estava disponível. Mick Jagger e Bill Wyman também não apareceram em algumas sessões em Nellcôte. Mesmo contrariado com as condições da gravação, ainda assim Mick assinou a maioria das dezoito faixas do disco. Durante esse trabalho, o cantor dos Stones viajava até Paris para construir sua nova vida de casado. "Bianca estava grávida e sentindo dores", lembrou Miller, o produtor do disco, em 1977. A mulher de Mick Jagger não estava disposta a ter seu primeiro filho numa mansão misteriosa.

Um dos biógrafos de Mick, Philip Norman, fez observações interessantes sobre Bianca Jagger e sua relação com a França na época de *Exile on Main St.* "Bianca e Paris foram feitas uma para a outra. Com sua beleza notável, havia uma elegância que pouco tinha a ver com a moda dos anos 1960", diz o escritor. Ou seja, a mulher que

Mick Jagger havia escolhido como sua parceira de matrimônio pouco tinha a ver com o rock'n'roll livre que os Stones passaram a imprimir em materiais ousados como *Exile on Main St.*, que se tornou um álbum duplo, repleto de materiais e composições.

Bill Wyman recebeu o crédito de autoria de oito músicas, mas disse à revista *Bass Player*, em 2010, que as informações estavam incorretas. "Aquele disco ter sido lançado foi um milagre completo", confessou o baixista na revista, relatando as confusões dentro do grupo.

A banda queria ruídos naturais, sem preenchimento eletrônico. Eles testaram os sons da mansão até decidirem gravar em um porão. As tomadas extras de *Exile on Main St.* foram lançadas em 2010 e se tornaram um sucesso de público, relembrando um dos primeiros discos dos Rolling Stones lançados na década de 1970.

"'Rocks off', 'Happy', 'Ventilator Blues', 'Tumbling Dice', 'All Down the Line' – todas são cinco cordas, afinação aberta ao máximo. Eu estava realmente começando a deixar minha marca registrada. Escrevi todo aquele negócio no intervalo de alguns dias", explicou Keith Richards sobre a facilidade com que as composições estavam surgindo naquele disco. O problema é que, assim como ele testava novas afinações de guitarra, também aumentava seu consumo de heroína no porão de Nellcôte.

Mas a criatividade de Keith encontrava barreiras diante do estilo de composição de Mick Jagger. "Se é uma música de Mick, não começo com as cinco cordas. Começo com afinação regular e a aprendo, ou a sinto no estilo clássico", descreveu o guitarrista, sobre suas limitações diante das criações do parceiro.

Mesmo com alguns problemas, a criatividade da banda toda estava aflorada naquela temporada de exílio, fora de seu país de origem. "Compreendo agora que *Exile* foi feito em circunstâncias extremamente caóticas e com métodos de gravação inovadores, mas este parecia ser o menor dos problemas. A questão principal era: temos as músicas e temos o som? Tudo mais era periférico", explicou Keith, sobre a banda naquele momento.

Mesmo com as diferenças, Mick Jagger tinha liberdade para escrever. Em algumas semanas, as gravações de *Exile on Main St.* eram diárias. Em outras ocasiões, eles gravavam dia sim, dia não. "Basicamente, Mick e eu achávamos que era nosso dever mostrar uma música nova, um novo *riff*, uma nova ideia ou, de preferência, duas", afirma Keith Richards sobre a sincronia com o cantor dos Stones naqueles dias. "A maior parte do meu trabalho era criar *riffs* e ideias para estimular Mick. Compor músicas que ele podia usar. Tinham que ficar bem nas gravações, mas com capacidade de serem traduzidas para as apresentações no palco. Eu era o açougueiro, cortando carne. Às vezes, ele não gostava", completa o guitarrista. Os conflitos eram inevitáveis, porque as composições eram construídas com velocidade e o trabalho fluía, por mais que eles estivessem sem um método de criação em muitas ocasiões.

Esse ritmo de trabalho, estimulado principalmente por Mick Jagger, não agradou o baterista Charlie Watts, que preferia um estilo mais artístico de composição, com mais tempo para criar. Charlie foi morar a 170 quilômetros de distância da mansão de Nellcôte, em Vaucluse, perto de Aix-em-Provence. O próprio Mick passava muito tempo em Paris, atrapalhando a união da banda nas gravações, que passava horas e horas em estúdio quando conseguia se reunir. Quem realmente estava concentrado em gravar era Keith Richards, embora o guitarrista também tivesse suas próprias distrações com as drogas.

Gram Parsons encontrou Keith nessa época, pouco antes de morrer por overdose, e os dois compuseram muito. A verdade é que, apesar de o consumo de heroína desagradar Mick Jagger, Keith Richards estava bastante proativo na época de *Exile on Main St.* Keith estava criando seu próprio som, testando novas afinações e acordes mais abertos. O guitarrista dos Stones procurava simplificar as próprias composições e tocá-las de maneira inovadora.

Cantor e guitarrista nascido na Flórida, em 5 de novembro de 1946. Músico de country e country-rock, fez parte dos grupos International Submarine Band, The Byrds, The Flying Burrito Brothers e Emmylou Harris. Compôs muitas músicas com Keith Richards na época em que o guitarrista estava começando a brigar com Mick Jagger. Keith dizia que Gram iria se tornar um grande sucesso, apesar de ele nunca ter ascendido até o mundo pop. O músico morreu em 19 de setembro de 1973 por overdose de morfina e álcool. Ele faleceu poucos meses antes de completar 27 anos, mesma idade em que morreram Jimi Hendrix, Kurt Cobain, Janis Joplin e o próprio Brian Jones.

"Mick tinha ressentimentos com relação a Gram Parsons. Precisei de muito tempo para descobrir que as pessoas em volta tinham muito mais consciência disso do que eu. Stanley Booth lembra de Mick agindo como 'uma tarântula' em torno de Gram. Ele sentia como se fosse uma traição o fato de eu estar tocando e compondo com outra pessoa, apesar de nunca ter colocado o problema nesses termos", explica Keith Richards em sua autobiografia. Segundo o guitarrista, o cantor dos Rolling Stones, achava que o amigo era sua propriedade. A presença de um único compositor parecia mexer com o equilíbrio da dupla de compositores.

O uso de heroína em Nellcôte causou problemas com a polícia. Foi divulgado que Anita Pallenberg estava oferecendo a droga a menores de idade. Quando os Stones foram para Los Angeles adicionar *overdubs* nas músicas de *Exile on Main St.*, autoridades encontraram entorpencentes na mansão. Eles foram acusados de tráfico de drogas e proibidos de permanecer no país.

Além dos processos por posse de heroína, a banda também gastava US$ 2 400 por semana para continuar utilizando a mansão em Nellcôte. Muito dinheiro foi gasto na criação do álbum, o que aumentou a cobrança para que ele fosse um sucesso.

Exile on Main St. teve um começo lento. "Era o beijo da morte fazer álbuns duplos, de acordo com as gravadoras, e elas tinham suas preocupações em relação ao preço, distribuição e coisas assim", explicou Keith Richards, justificando porque o material com dezoito músicas demorou para emplacar.

Os Rolling Stones haviam feito um álbum com quatro lados, fruto de uma fase produtiva do grupo. "Então começamos a crescer e a crescer, e sempre recebendo críticas incríveis. Se você não tomar atitudes corajosas, não vai chegar a lugar nenhum. Você tem que ampliar os limites. Sentíamos que tínhamos sido mandados à França para fazer alguma coisa", completa o guitarrista. Mick Jagger fez um balanço sobre as composições depois que o disco foi finalmente lançado.

Dez das dezoito faixas de *Exile* foram fruto dos cinco meses no porão em Nellcôte, o que dá uma média de uma composição a cada duas semanas. De fato, muito material foi criado antes e depois do exílio, então talvez os Stones não tenham trabalhado tanto, e sim usado seu tempo em terras francesas para se drogar e viajar pelo país.

O disco foi lançado no dia 12 de julho de 1972, e o produtor foi, novamente, Jimmy Miller. No Billboard 200, *Exile* alcançou o primeiro lugar. Os Rolling Stones ficaram na frente também na lista dos 50 melhores álbuns britânicos. O grupo ainda inovou ficando no segundo lugar das paradas alemãs de 1972.

Com uma reedição do disco, *Exile on Main St.* apareceu novamente na primeira posição, agora entre os melhores 75 álbuns britânicos de 2010. No Billboard 200 do mesmo ano, o disco ficou em segundo lugar. O último relançamento do álbum ocorreu após duas remasterizações, uma pela Virgin em 1994 e outra pela Universal em 2010. Esse trabalho é exaltado até os dias de hoje como um dos mais complexos dos Rolling Stones. O disco destaca também o talento de Mick Jagger como membro que fez a diferença na banda.

Em 2003, depois de muitos anos, Mick fez suas considerações sobre o trabalho. "*Exile* não é um dos meus álbuns favoritos, embora eu ache que o registro tem um *feeling* particular. Não estou muito certo da grandeza das músicas, mas elas, juntas, são uma boa peça. Entretanto, quando eu escuto *Exile*, o disco tem algumas das piores mixagens que eu já ouvi. Eu adoraria remixar o registro, não apenas por causa dos vocais, mas porque eu acho que, no geral, soa ruim. Na época, Jimmy Miller não estava trabalhando corretamente. Eu tinha que editar toda a gravação por minha conta, porque senão só podia contar com esses bêbados e drogados. Claro que eu também sou o responsável por isso", explicou o cantor dos Stones, criticando seus companheiros de banda.

"Eu tinha que editar toda a gravação por minha conta, porque senão só podia contar com esses bêbados e drogados."

Também em 2003, uma pesquisa entre críticos, músicos e representantes do mercado e da indústria musical fez a *Rolling Stone* colocar *Exile on Main St.* em sétimo lugar. O álbum ficou atrás apenas de: *Sgt. Pepper's Lonely Hearts Club Band* (Beatles), *Pet Sounds* (The Beach Boys), *Revolver* (Beatles), *Highway 61 Revisited* (Bob Dylan), *Rubber Soul* (Beatles) e *What's Going On* (Marvin Gaye).

★

Nos shows que se seguiram após o lançamento de *Exile*, Mick Jagger passou a se produzir como os astros do glam rock, que se vestiam de maneira afeminada e utilizavam maquiagem. Eram tempos de David Bowie e do começo do declínio do movimento *hippie*. Embora ainda não se conhecessem, Mick seria afetado pela obra de Bowie na fase Ziggy Stardust.

O disco *The Rise and Fall of Ziggy Stardust and the Spiders from Mars* foi lançado no dia 6 de junho de 1972, bem próximo do *debut* de *Exile on Main St.* Bowie tinha gravado no Trident Studios, em Londres, enquanto os Stones estavam no exílio na França.

Philip Norman, o biógrafo de Mick Jagger, diz que o glam rock "era basicamente o que Mick vinha fazendo já há quatro ou cinco anos. Transformaram-se em grandes ídolos das adolescentes muitos artistas que tiveram êxito apenas marginal nos anos 1960, como Rod Stewart, Elton John e a antiga paixão de Marsha Hunt, Marc Bolan". O cantor dos Rolling Stones ajudou a guiar esse grupo de artistas que se destacaram ainda mais nos anos 1970 do que na década anterior, época dominada pelos Beatles. Apesar de fazer parte da invasão britânica nos Estados Unidos, Mick Jagger ganharia mais fama ainda ao ver o seu estilo influenciar novos artistas.

Bolan ficou conhecido pela banda T. Rex, e foi um dos mentores artísticos de David Bowie.

Mick imitava trejeitos de diversos personagens e pessoas no palco, enquanto interpretava as próprias músicas. David Bowie foi além, criando de fato o personagem Ziggy, de cabelos alaranjados e espetados, o que foi um escândalo na época. Mas Bowie se cansou de sua própria invenção. Em julho de 1973, em um concerto com ingressos esgotados, em Hammersmith Odean, Londres, o cantor decidiu matar seu rockstar extraterrestre em pleno palco.

David Bowie e Mick Jagger em apresentação na Wembley Arena, Londres, em 20 de junho de 1986.

No mesmo dia, Mick Jagger apareceu no Café Royal e deu um beijo na boca de David Bowie. O ex-baterista dos Beatles, Ringo Starr, estava presente quando o ataque súbito aconteceu.

★

Em 1973, Bowie estava casado com Angela "Angie" Barnett, uma mulher crucial para sua ascensão dentro do glam rock, na criação de seus personagens e de sua imagem como homem do entretenimento. Ambos se declaravam bissexuais e tinham um relacionamento aberto. Segundo Angie, Mick Jagger relacionou-se com ambos.

> O relacionamento dos dois é tratado de forma ficcional no filme *Velvet Goldmine* (1998), que tem os atores Ewan McGregor e Jonathan Rhys Meyers representando os papéis de Iggy Pop e David Bowie, respectivamente.

Angela e Bowie tinham um apartamento em Oakley Street, no bairro de Chelsea, que facilitava os encontros entre os três. Também, segundo Angie, um dia, ao voltar para casa de madrugada, ela encontrou David Bowie e Mick Jagger dividindo os lençóis. O advogado de Bowie diz que essas alegações são uma "fantasia absoluta". O cantor dos Rolling Stones chamou o caso de "bobagem total". Mesmo que este caso não tenha ocorrido, era inegável que Mick Jagger sentia uma atração e uma certa inveja dos talentos de David Bowie. Seu Ziggy Stardust era uma ameaça direta ao cantor performático dos Stones.

★

Keith Richards tinha a companhia de Gram Parsons e ainda assim conseguiu engravidar Anita Pallenberg. Por conta da gravidez, o guitarrista e sua mulher tentaram se desintoxicar da heroína. Foi nesse ambiente em que a menina Angela Richards nasceu, no dia 17 de abril de 1972. O nascimento da primeira filha de Keith deu origem à a música "Angie".

A fase de extravagâncias dos Rolling Stones foi na década de 1970. Depois do lançamento de *Exile*, surgiram groupies, pessoas querendo tirar dinheiro da banda e o avião com o logotipo que virou marca registrada do grupo. Nessa época, Peter Rudge era o gerente responsável pelos recursos da turnê. E um jovem músico cego abria o show dos Rolling Stones. Seu nome era Stevie Wonder, que tinha por volta de 22 anos.

Em um concerto no dia 19 de julho de 1972, Keith Richards chutou um fotógrafo que disparou um flash diante de seu rosto. A polícia prendeu o guitarrista, mas Mick Jagger e os outros integrantes dos Stones exigiram ser detidos junto com o músico. Eles foram liberados pelo prefeito de Boston, local onde havia sido a apresentação.

Por intervenção de Claude Nobs, um dos fundadores do Festival de Jazz de Monteux, Keith foi morar em Villars, a leste de Genebra, na Suíça. Os Stones não poderiam voltar para a França após o abuso de drogas, e estavam fora da Inglaterra por razões fiscais. Por esse motivo, Mick Jagger passou a se afastar do colega compositor até que Keith Richards conseguisse se livrar do vício. "Mick de vez em quando me visitava na Suíça, para conversar sobre a 'reestruturação econômica'. Passávamos metade do tempo sentados, metade conversando sobre advogados tributaristas", explica o guitarrista em sua autobiografia.

"Até meados da década de 1970, Mick e eu éramos inseparáveis. Tomávamos todas as decisões pelo grupo. Juntávamos e púnhamos tudo em movimento, escrevíamos as músicas. Mas, depois que nos separamos, comecei a trilhar meu caminho, que era a descida para o abismo da cidade das drogas, e Mick subiu para o espaço dos jatos. Estávamos tratando de muitos problemas que foram surgindo, sendo quem éramos e o que tínhamos sido nos anos 1960", afirmou o músico em outro depoimento.

Bob Marley já havia lançado *Soul Rebels* (1970) e *Soul Revolution* (1971) na Jamaica. Era definitivamente um talento que estava se revelando. Keith Richards esteve no país em 1969 e conheceu o free reggae, o rocksteady e o ska. Mick Jagger estava sem visto para voltar aos Estados Unidos quando esteve na embaixada americana em Kingston, em terras jamaicanas.

Richard Nixon era o presidente dos Estados Unidos e não tolerava músicos que criticavam a Guerra do Vietnã, como os Rolling Stones. Por esse motivo, e também para aproveitar o calor da música jamaicana, Mick e os outros integrantes da banda escolheram o Dynamic Sound Studio para gravar seu próximo disco. Assim, entre 25 de novembro e 23 de dezembro de 1972, os Stones trabalharam na Jamaica, em composições para *Goats Head Soup*.

Mas a sintonia da banda não era mais a mesma. Keith começava a incomodar o líder em ascensão com seu vício em drogas. E Mick queria tomar conta de todos os problemas e processos que envolviam a banda. "*Goats Head Soup* levou algum tempo para desabrochar, apesar do Dynamic Sounds e do fervor do momento. Acho que Mick e eu ficamos um pouco secos depois de *Exile*. Tínhamos acabado de fazer a excursão pelos Estados Unidos e já vinha outro álbum. Depois de *Exile*, uma belíssima coleção de músicas que pareciam se casar umas com as outras, seria difícil conseguir aquela unidade outra vez", explicou o guitarrista.

Byron Lee, conhecido pelo apelido "The Dragon", ofereceu o estúdio Dynamic com quatro canais. Keith teve contato com o rastafári e com a percussão jamaicana, e acabou mudando seu próprio modo de tocar guitarra, aproveitando mais as nuances e outras velocidades.

No entanto, os desentendimentos entre Mick e Keith não ficavam apenas no campo musical. O guitarrista dos Stones começou a criticar o cantor até no seu desempenho com mulheres. "O mais estranho é que, por mais diferentes que eles pareçam ser, Bill Wyman e Mick Jagger são muito parecidos. Se eu dissesse isso, deixaria Mick irritado como um filho da puta. Mas, se você vê os dois juntos na estrada e lê seus diários, percebe que são praticamente a mesma coisa. A não ser porque Mick adquiriu um pouco de classe, ficando lá na frente, sendo o cantor principal e blá-blá-blá. Se você os visse fora do palco, e o que eles estavam fazendo, 'Quantas você pegou hoje à noite?', eram iguais", provoca o músico em suas memórias pessoais.

Anita Pallenberg chegou a ser presa na casa de Keith na Jamaica, enquanto o músico estava em Londres. Houve boatos de que a esposa do guitarrista teria sido estuprada na prisão e que ele pagou uma grande soma para liberá-la. Segundo Keith, isso foi obra de tabloides da época. Anita foi presa ao jogar maconha no rosto de uma das autoridades. Marlon, de apenas nove anos, presenciou a cena, que envolveu um tiroteio. Angela tinha apenas um ano. Keith tentou fazer pressão de Londres, sem ter de ir diretamente para a Jamaica. Segundo ele, a esposa estava apenas em um lugar sujo, repleto de baratas.

Com uma segunda sessão de gravações, entre 23 de maio e 20 de junho de 1973, o álbum ficou pronto. As etapas finais foram realizadas no De Doelen, em Roterdã, na Holanda. *Goats Head Soup* foi lançado no dia 31 de agosto de 1973. Os Stones fizeram uma turnê pela Europa, o que não havia acontecido após o lançamento de *Exile*, deixando os Estados Unidos um pouco de lado e retomando suas origens.

Jimmy Miller seria demitido da equipe de produção dos Stones devido ao consumo excessivo de heroína e a mania estranha, que obteve durante as gravações de *Goats*, de ficar desenhando suásticas com canivete na mesa de mixagem de som. O disco foi um sucesso, ficando no topo das paradas britânicas e no da Billboard Pop Albums. O single "Angie" ficou no topo do The Billboard Hot 100, na quinta colocação do UK Top 50 Singles e no 38º lugar no Adult Contemporary.

Mick Jagger parece ter gostado mais de *Goats Head Soup* do que de *Exile on Main St.* Na época do lançamento, o vocalista dos Rolling Stones fez algumas considerações sobre o processo de composição e gravação desse material. "Eu realmente me sinto mais próximo a este álbum, e realmente coloquei tudo o que eu tinha nele... Eu acho que isso ocorre porque estou em mais canções. Ele [*Goats*] não era tão vago quanto o último álbum, que demorou muito tempo, e [do qual] eu não gostava de algumas coisas. Há mais pensamento para este aqui. Ele foi gravado em cerca de dois ou três meses. As faixas são muito mais variadas do que no último. Eu não queria que ele fosse apenas um monte de canções de rock", explicou o vocalista, indo contra as opiniões do guitarrista Keith Richards.

Mesmo insatisfeito com os rumos da banda, Keith colaborava para que os holofotes estivessem sempre sob eles. O guitarrista, para constrangimento de Mick Jagger, ficou conhecido por "trocar todo o seu sangue ao se limpar das drogas na Suíça". Keith Richards de fato esteve em tratamento enquanto morava no país, mas nega esses boatos e também os boatos sobre magia negra em sua autobiografia. "Lá estava a imprensa me perseguindo. 'Ei, Keith'. Eu disse: 'Chega dessa porra. Vou trocar de sangue'. Bum, foi assim. Eu saí e fui para o avião. Eu só falei aquilo para os filhos da puta se afastarem", explicou o guitarrista. O incidente que gerou o rumor sobre o músico dos Stones aconteceu no aeroporto inglês de Heathrow, quando o guitarrista ia embarcar em uma ponte aérea até a Suíça.

★

Os Rolling Stones foram para a Alemanha e se estabeleceram em Munique durante a turnê europeia de *Goats Head Soup*. Foi assim que surgiu, aos poucos, o quarto álbum da banda nos anos 1970: *It's Only Rock'n'roll*. A primeira sessão de gravações do novo material ocorreu entre 13 e 24 de novembro de 1973, no Musicland Studios. Mais ou menos na mesma época, eles conheceram Ronnie Wood, o guitarrista da banda The Faces, de Rod Stewart. Ronnie estava gravando seu primeiro disco solo, *I've Got My Own Album to Do*.

> O nome do álbum significa "Tenho meu próprio álbum para fazer", em tradução livre.

Mick Taylor ainda participou das primeiras gravações e ajudou Ronnie com seu álbum. George Harrison apareceu e encontrou os Stones durante seus trabalhos. Mick Jagger escreveu "It's Only Rock'n'roll (But I Like It)" e gravou com David Bowie, com quem andava na época. Mick exibiu a gravação, feita com Ronnie Wood. Em dezembro daquele ano, Mick Taylor decidiu ir embora dos Rolling Stones, sem grandes explicações. A personalidade introspectiva de Taylor não combinava mais com a banda. No lugar dele, principalmente pela proximidade e intimidade com Keith Richards, entrou Ronnie.

Bem-humorado, Ronnie Wood estabilizou a relação entre todos os integrantes da banda, assim como Charlie Watts havia unido os Stones em 1960. Os egos de Keith Richards e de Mick Jagger estavam muito conflitantes nos anos 1970. Keith afundou-se no consumo de drogas, enquanto Mick aproveitou o espaço deixado por Brian Jones para se tornar o líder absoluto do grupo. Mick, Keith, Charlie e Ronnie tornaram-se, a partir de *It's Only Rock'n'roll*, a formação definitiva dos Rolling Stones. A única diferença é que, na época, Bill Wyman ainda fazia parte do grupo.

"Ele se adaptou perfeitamente à maneira antiga de tocar, na qual não se pode dizer qual é a guitarra rítmica e qual é a solo, o estilo que desenvolvi com Brian, o velho fundamento do som dos Rolling Stones", explicou Keith Richards sobre seu relacionamento musical com Ronnie Wood. A dupla de guitarristas trouxe novos ares ao grupo liderado por Mick.

Com Ronnie na banda, *It's Only Rock'n'roll* teve mais duas sessões: entre os dias 10 e 15 de abril, e entre os dias 20 e 25 de maio. O disco foi lançado no dia 16 de outubro de 1974. Sem Jimmy Miller, os produtores desta vez foram The Glimmer Twins, ou seja, ninguém mais, ninguém menos do que a dupla Mick Jagger e Keith Richards. Assim, *It's Only Rock'n'roll* foi um material inteiramente criado pelos próprios Stones.

Antes desse material, eles só haviam produzido *Their Satanic Majesties Request*, mas esse disco teve a ajuda das gravadoras Decca e London. Das dez músicas de *It's Only Rock'n'roll*, sete tiveram a guitarra elétrica de Mick Taylor. "Ain't Too Proud to Beg", "It's Only

Rock'N'Roll (But I Like It)" e "Luxury", as faixas dois, três e seis, foram compostas com a ajuda do novo integrante dos Rolling Stones.

It's Only Rock'n'roll chegou ao topo das paradas britânicas de 1974, no segundo lugar do UK Top 50 Albums. No Billboard Pop Albums, nos Estados Unidos, o disco ficou em primeiro lugar. Mesmo com a excelente colocação nos rankings, os Stones decepcionaram um pouco com os singles na época. "It's Only Rock'N'Roll (But I Like It)" é uma música frequentemente tocada nas apresentações atuais da banda, mas só ficou na décima posição das paradas britânicas. Nas paradas norte-americanas, a música não chegou nem ao top 10, amargando a 16ª posição. O single "Ain't Too Proud to Beg" também só ficou na 17ª posição nos Estados Unidos.

★

"I know it's only rock'n'roll but I like it" foi um verso que Mick Jagger imortalizou nesse primeiro trabalho com Ronnie Wood. A música começou a ser criada na casa do próprio Ronnie, na cidade de Richmond, no Reino Unido. David Bowie havia gravado *Diamond Dogs*, estava gozando de prestígio após levar Ziggy Stardust para os Estados Unidos com o disco *Aladdin Sane*, e resolveu ajudar o amigo Mick em sua música, fazendo as vozes de fundo.

A música sintetizou a nova fase dos Rolling Stones, que teriam que aprender a lidar com os vícios de Keith Richards e a ambição de Mick Jagger em manter todos unidos. Mas a composição sintetiza também o que os Stones sempre fizeram em sua carreira toda. Além de covers de blues e das inúmeras influências, a banda sempre optou por um rock direto, simples e cativante.

Nessa música, Mick também fala sobre instintos agressivos, juventude e sexualidade. "Would ya think, the boy's insane? He's insane?", diz a letra. A loucura dos Rolling Stones não era apenas consumir drogas, ter várias groupies, um avião próprio ou mesmo milhares de discos vendidos. A loucura estava na perfomance de Mick Jagger, em sua capacidade de atrair o público. Na proatividade ao escrever músicas e querer gravar seu nome entre os grandes da música. É disso que se trata o "it's only rock'n'roll" para o cantor dos Stones.

STEVEN TYLER, VOCALISTAS PERFORMÁTICOS E A INFLUÊNCIA DE MICK JAGGER

O Aerosmith é uma banda de hard rock e heavy metal, formada em 1970 na cidade de Boston, Estados Unidos, pelos jovens Joe Perry, Tom Hamilton, Joey Kramer, Ray Tabano e um jovem cantor chamado Steven Tyler. O primeiro álbum de estúdio gravado por eles saiu em 1973 e, desde então, transformaram-se em uma máquina de ganhar dinheiro. A banda chegou a se tornar tema de um videogame, chamado *Guitar Hero: Aerosmith*, em 2008.

> *Guitar Hero* é uma série de games que simulam uma guitarra elétrica, criada em 2005, e que ganhou fama na plataforma PlayStation 2. A banda de heavy metal Metallica também foi tema de um dos games dessa série, em 2009.

O grupo seguia uma fórmula de sucesso muito parecida com a dos Rolling Stones. O Aerosmith tem uma dupla de compositores oficiais, o cantor Steven Tyler e o guitarrista Joe Perry, assim como Jagger e Richards. A banda também ficou marcada pelo consumo abusivo de drogas e de álcool, passando por uma reabilitação nos anos 1980, assim como os Stones. Groupies também perseguiam os integrantes do Aerosmith.

Steven Tyler também é visualmente parecido com Mick Jagger: é magro, cabeludo e tem lábios enormes. No palco, Steven provoca o público, diverte-se durante os shows e interpreta as próprias composições. Seus trejeitos mostram que um cantor de atitude faz a diferença para chamar atenção no rock'n'roll.

A ascensão de artistas como Steven e sua banda mostram que Mick Jagger estava mudando a cara do rock internacionalmente. Mick começou como um Chuck Berry com jeito de James Brown, muito distante do estilo comportado de John Lennon.

Iggy Pop lançou o seu primeiro disco com os Stooges em 1969. Apesar de ser lembrado como um ícone do punk rock, Iggy era um protótipo de Mick Jagger com algumas características de Jim Morrison. O cantor chegou a ficar tão drogado que rolou em cacos de vidro sem sentir dores. Em uma apresentação, Iggy chegou a atirar um banco contra o público, que estava jogando objetos contra ele. O cantor dos Stooges era agressivo, mas mesmo assim sua figura lembra Mick Jagger por conta da proximidade com seu público. Em sua carreira solo, Iggy Pop permite que a plateia suba no palco no final dos concertos. Mick Jagger chegava a fazer isso em algumas apresentações dos Stones nos anos 1960.

Essa proximidade de Mick com o público mudou em 1969, quando Meredith Hunter sacou uma arma durante um show dos Rolling Stones, e foi morto por um integrante da gangue de motociclistas Hell's Angels. A partir daquela apresentação, progressivamente, os Stones passaram a ter um controle maior sobre o público em suas performances ao vivo.

No entanto, Mick Jagger inaugurou o estilo de vocalista dançante que conta com uma banda poderosa como base para suas performances. Sua parceria com Keith Richards e o sucesso que eles mantiveram mesmo depois de cinquenta anos de história passaram a influenciar gerações e gerações de músicos. Depois de Elvis, Mick foi o intérprete que melhor conseguiu representar as músicas originadas dos blues.

CAPÍTULO 4: DIRTY WORK

A banda produz seus próprios trabalhos. Keith Richards consegue se livrar das drogas. Mick Jagger se divorcia, une-se a uma nova parceira e começa uma carreira solo. A banda deixa de produzir álbuns anualmente.

O Musicland Studios, em Munique, na Alemanha, foi novamente utilizado para a gravação de um novo material dos Rolling Stones. A primeira sessão de gravações de *Black and Blue* aconteceu entre os dias 7 e 15 de dezembro de 1974. Os produtores foram novamente The Glimmer Twins, Mick Jagger e Keith Richards, no controle das criações da banda.

Black and Blue continuou sendo gravado entre 22 de janeiro e 9 de fevereiro de 1975, na cidade de Roterdã, na Holanda. Os Rolling Stones chegaram a testar outros guitarristas além de Ronnie Wood, como o famoso Peter Frampton. No entanto, pela proximidade e pelo contato constante, permaneceram com Ronnie na equipe. O álbum passou por mais uma etapa de gravações entre os dias 25 de março e 4 de abril, e só terminou de ser gravado entre janeiro e fevereiro de 1976. Os *overdubs* do álbum foram realizados a partir de outubro de 1975, no trabalho de edição das faixas.

> Guitarrista solo famoso nos anos 1970, que chegou a tocar com o baterista dos Beatles, Ringo Starr.

Entre as gravações, ocorreu a turnê norte-americana da banda, com 46 shows nos Estados Unidos e no Canadá. Foi o retorno triunfal de Mick Jagger a essas terras. No entanto, nem todos os Rolling Stones estavam bem naquele momento. Alguns integrantes enfrentavam problemas pessoais graves.

"Ele era muito simpático e charmoso naquela época. Keith também gostava muito dele. Mick gostava de cuidar das pessoas; ele tomava conta de Keith. Isso era algo que chamava a atenção. E, naquele tempo, o Keith estava num estado deplorável...", conta Marlon. O filho do guitarrista passou a acompanhar as turnês dos Stones. O jovem testemunhava o consumo de heroína do pai, estava no Bentley que Keith bateu por ter dormido no volante, e via os acessos de raiva de sua mãe, Anita Pallenberg, por conta da abstinência.

"Nunca tive a menor curiosidade quanto às drogas. Eu achava aquelas pessoas totalmente ridículas, simplesmente achava uma idiotice incrível o que elas estavam fazendo", afirmou o filho de Keith na autobiografia do guitarrista. Na época, Anita chegava a abusar mais que Keith, o que praticamente separou o casal. Keith e Anita Pallenberg também perderam um filho, Tara Browne, no dia 6 de junho de 1976. O bebê de apenas três meses morreu por falência respiratória. Keith Richards se culpou pelo resto da vida pelo falecimento de seu segundo filho homem.

Black and Blue foi lançado no dia 23 de abril de 1976. Apesar de não ter sido gravado na Jamaica como *Goats Head Soup*, o disco é acompanhado por ritmos de funk e reggae, que os Rolling Stones passaram a incorporar em sua sonoridade. O jazz também foi outro gênero musical integrado a esse trabalho. O disco é curto, com apenas oito músicas.

Na Holanda, na França e nos Estados Unidos, *Black and Blue* ficou no topo das paradas dos discos lançados em 1976. Foi somente entre as músicas do Reino Unido que o álbum amargou a segunda posição. Mesmo com os problemas pessoais de alguns integrantes da banda, o disco fez sucesso, mostrando que o talento de Mick e Keith para compor nunca desaparecera.

Mas, ao contrário do público, a crítica não recebeu tão bem o álbum. Para Lester Bangs, jornalista que havia acompanhado o nascimento do Led Zeppelin e do hard rock, o material era "o primeiro álbum sem sentido dos Rolling Stones, e obrigado a Deus". Bangs escreveu essa resenha na revista *Creem*, completando que a banda havia perdido sua importância dentro do rock. A própria *Rolling Stone* só deu três estrelas (de cinco), atribuindo uma nota regular ao trabalho.

★

Depois dessa recepção da crítica, a banda foi novamente pressionada a fazer um material inovador. *Some Girls* começou a nascer de composições que Mick Jagger elaborava em cima do que estava ouvindo na época. O álbum foi gravado entre 10 de outubro e 21 de dezembro de 1977.

Mick Jagger se sentiu desafiado na época, porque garotos mais jovens estavam fazendo algumas bandas soarem como rock velho e ultrapassado. Era a época do estouro do punk e das bandas underground americanas e inglesas, como Ramones e Sex Pistols. Keith Richards também sentiu o desafio, aplicando-se, na medida do possível, em realizar mais composições com Mick. O que a banda descobriria com o decorrer dos anos é que muito do punk rock havia sido construído em torno do espírito rebelde que os Rolling Stones tinham nos anos 1960, quando ainda faziam versões de músicas de blues.

Embora a maior inspiração de Mick, além do punk, fosse a dance music de Nova York, os Stones foram gravar no Pathé Marconi Studios, em Paris. "O punk e o disco estavam acontecendo ao mesmo tempo, por isso foi um período muito interessante. Nova York e Londres também eram. Havia punks em Paris e muita música dançante. Paris e Nova York tinham muito dessa música latina dançante, que foi maravilhosa. Era muito mais interessante do que o material que

> O punk rock nasceu influenciado sobretudo por bandas como Velvet Underground, The Stooges, MC5 e Iggy Pop. No entanto, o estilo passou a ganhar fama com os Ramones em 1974. Em 1977, os Sex Pistols levaram o estilo musical para o Reino Unido, contaminando o rock em geral. O lema da época era o "faça você mesmo", contrariando os aprimoramentos musicais conquistados pelas bandas de rock progressivo e seus músicos virtuosos. Os punks defendiam uma música mais simples e básica, que qualquer pessoa pudesse tocar.

veio depois", desabafou Mick Jagger ao editor da *Rolling Stone*, Jann Wenner, em 1995.

"Miss You" foi a primeira música a ser criada para este disco, que seria um dos últimos dos anos 1970. "A música foi o resultado de todas as noites que Mick passou no Studio 54, aquela batida de quatro tempos no bumbo. Então, ele disse: 'Coloquem uma melodia nessa batida'. Nós decidimos contribuir com a ideia dele de criar alguma coisa que tivesse um ar de discoteca, e deixar o cara feliz", explicou Keith Richards sobre o pontapé inicial que seu amigo vocalista deu para que os Stones não deixassem de compor em 1977.

A composição foi gravada entre outubro e dezembro daquele ano. No entanto, o que muitos não sabiam é que um clássico estava nascendo juntamente com a primeira música de *Some Girls*. "'Miss You' e 'Start Me Up' foram gravadas no mesmo dia. Quando digo no mesmo dia, na verdade, 'Miss You' levou uns dez dias até chegarmos à master final, e então, quando ficou pronta, eles foram e gravaram 'Start Me Up'. 'Start Me Up' era um reggae que tinha sido gravado em Roterdã três anos antes. Mas, quando eles começaram a tocar desta vez, já não era mais um reggae, era essa 'Start Me Up' maravilhosa que conhecemos hoje. A música era do Keith, e ele simplesmente a transformou", explicou Chris Kimsey, o engenheiro de som dos Stones na época. Ele já havia trabalhado com a banda em *Sticky Fingers*, em 1971.

Mesmo com inspiração para novas músicas, o relacionamento dos Stones não ia nada bem durante as gravações de *Some Girls*. "Posso ser tão egocêntrico quanto o Mick, cheio de caprichos e tudo mais, mas você não pode agir assim quando é um *junkie*. Há certas realidades que entram em jogo e que mantêm você com os pés na sarjeta, num patamar mais baixo do que deveria estar. E foi nessa época que Mick e eu nos afastamos totalmente. Ele não tinha mais tempo para mim e meu estado supostamente patético", confessou Keith, fazendo o mea-culpa em sua autobiografia. O guitarrista foi detido em Toronto, no Canadá, por posse de heroína. A detenção poderia resultar em uma longa pena em regime fechado, mas a justiça decidiu que ele deveria apenas fazer caridade para o Instituto Nacional Canadense para Cegos.

As gravações finais de *Some Girls* ocorreram entre 5 de janeiro e 8 de março de 1978. A faixa-título, "Some Girls", lançada em 9 de junho de 1977, enfrentou protestos de grupos feministas por conta de trechos da letra como "Black girls just want to get fucked all night" e "Chinese girls are so gentle / They're really such a tease". A canção dava um tratamento depreciativo a mulheres de diferentes etnias. Mick Jagger defendeu a composição, alegando que as mulheres retratadas eram apenas estereótipos.

> As três frases em inglês podem ser traduzidas para o português como: "Garotas negras só querem foder a noite inteira" e "Garotas chinesas são tão gentis / Elas realmente flertam com todos".

Some Girls foi lançado no dia 9 de junho de 1978, com dez músicas. O designer Peter Corriston fez uma capa com vários rostos coloridos de mulheres que participavam de propagandas de lingerie. O encarte causou, quase que imediatamente, processos de Lucille Ball, Farrah Fawcett, Liza Minnelli (representando sua mãe, Judy Garland), Raquel Welch e dos responsáveis pelos direitos de imagem de Marilyn Monroe. As ações judiciais foram tantas que o disco foi recolhido e uma nova versão foi relançada com rostos ocultos e com a mensagem: "Pardon our appearance – cover under re-construction" [Desculpe nossa aparência – capa sob re-construção].

Nos Estados Unidos, o álbum chegou ao primeiro lugar do Billboard Pop Albums de 1978. *Some Girls* também ficou em primeiro lugar no RPM Canada. Já no UK Top 75 Albums, o disco apareceu na segunda posição. Nas paradas suecas e holandesas, o trabalho dos Stones ficou em terceiro lugar. Na Austrália, o material ficou em quarto.

Some Girls foi relançado em 2011, em um álbum duplo com trechos inéditos das gravações. O disco bônus vinha com doze faixas adicionais, incluindo covers. O material subiu novamente nas paradas britânicas daquele ano, ficando em 58º lugar. Nas paradas americanas, ficou na 46ª posição.

"Start Me Up", o clássico escrito por Keith Richards, não foi incluído nesse disco, sendo guardado para um próximo lançamento. Após *Some Girls*, a relação do guitarrista com Mick Jagger tinha chegado ao limite da tolerância, especialmente após mais abusos de Keith com a heroína. O instrumentista precisava ficar limpo, e Mick queria que ele estivesse em forma para a banda continuar produzindo desde os detalhes dos discos até as performances ao vivo.

★

Em 1978, Bianca Jagger entrou com o pedido de divórcio contra Mick. "Meu matrimônio começou a acabar no dia do casamento", afirmou Bianca, em uma declaração que foi reproduzida pelo *The New York Post*, em 1999, pelo jornalista Neal Travis.

O real motivo do divórcio foi porque Mick Jagger começou a sair com a modelo Jerry Hall. O cantor também saiu com uma menor de idade, que tinha dezessete anos na época. Com a separação em curso, Mick disse que não havia qualquer possibilidade de que ele e Bianca terminassem como amigos, e que ela era "difícil" e "desonesta". O biógrafo Philip Norman diz que "ele ficou particularmente irritado com o fato de ela continuar a usar seu sobrenome, apesar de tal reivindicação só lhe ter trazido infelicidade. Ele não tinha dúvida de que ela pretendia explorá-lo ao máximo para compensar o déficit em sua pensão".

Na turnê de *Some Girls*, após o veredito de seu processo no Canadá, Keith Richards finalmente começou a se livrar da heroína. Suas tentativas tiveram início durante o processo judicial. O guitarrista tinha medo de ser preso e de não ter forças para lidar com a abstinência da droga.

Entre 1978 e 1979, Keith não usou drogas. Na mesma época, começaram as gravações para o próximo material entre os dias 5 de janeiro e 2 de março, com uma segunda sessão de 23 de agosto a 6 de setembro de 1978. No ano seguinte, entre 18 de janeiro e 12 de fevereiro, os Stones voltaram a trabalhar. Mais duas etapas das gravações ocorreram de 10 de junho a 19 de outubro, além do tempo de edição e do acréscimo de *overdubs*, feitos entre novembro e dezembro de 1979.

Em 1979, os Rolling Stones usaram as instalações de Compass Point, na cidade de Nassau, nas Bahamas. A banda também retornou a Pathé Marconi, em Paris, e finalizou os trabalhos de edição de som em Nova York.

"Foi em Paris que percebi que havia finalmente dito adeus à heroína. Mick pensou que eu estivesse comprando cocaína. Estava chovendo do lado de fora do apartamento da rua Saint-Honoré. Olhei para aquilo, e tenho que admitir que tirei um grama e guardei num saquinho menor, mas depois eu simplesmente joguei o resto na rua. E foi aí que percebi que eu não era mais um *junkie*. Embora eu estivesse basicamente sem tomar pico durante os dois ou três anos anteriores, o fato de ter podido fazer aquilo significava que já não estava mais sob o domínio da droga", narrou Keith Richards, sobre a sua principal vitória no período. Essa recuperação foi fundamental para a retomada do contato com Mick Jagger, que fiscalizava o amigo.

Contudo, Anita Pallenberg não largou a heroína e seu namorado na época, que tinha apenas dezessete anos, deu um tiro na cabeça brincando de roleta-russa. O homem chegou a ameaçar Keith, que abandonara a mulher, e convivia com o filho do guitarrista, Marlon. O menino chegou a assistir a essa morte brutal. Era a gota d'água para a ex-mulher de Keith Richards, que chegou a ser processada por corrupção de menor. Anita se mudou para Nova York e mudou seu estilo de vida, finalmente abandonando as drogas.

O novo disco *Emotional Rescue*, captando o espírito dos Rolling Stones daquele momento, foi lançado no dia 20 de junho de 1980, com dez músicas. Peter Corriston fez a capa com imagens termográficas de recém-nascidos britânicos, baseado em obras de Roy Adzak, um artista parisiense. O clipe da faixa-título, "Emotional Rescue", usa a mesma tecnologia que Corriston e Adzak usaram na arte do álbum.

Emotional Rescue ficou no topo das paradas suecas, norte-americanas, britânicas e holandesas no ano de lançamento. Na Áustria, o disco ficou no segundo lugar do ranking. A maior parte das músicas foi composta por Mick Jagger e Keith Richards, com a participação de Ronnie Wood apenas na composição da faixa de abertura, "Dance (Pt. 1)". O disco foi relançado em 1994 pela Virgin e em 2009 pela Universal. Em 2004, a revista *Rolling Stone* deu quatro estrelas de cinco para *Emotional Rescue*. A publicação afirma que a música "She's So Cold" é "fabulosa".

Uma das músicas que ganhou destaque na época foi a faixa final do disco, "All About You", de autoria da dupla Mick Jagger e Keith Richards. A letra foi escrita apenas por Keith, que se baseou em seu relacionamento destroçado com Anita Pallenberg. O problema é que algumas partes da música davam a entender que Keith também estava criticando seu relacionamento com Mick Jagger. "Bem, se você chama isso de vida / Por que eu deveria passá-la com você? / Se o show deve continuar / Deixe que continue sem você / Estou tão cansado de andar com idiotas como você", diz a letra de Keith Richards, de forma direta e ressentida, logo no começo da canção.

> Tradução livre do original: "Well if you call this a life / Why must I spend it with you? / If the show must go on / Let it go on without you / So sick and tired hanging around with jerks like you".

O próximo disco dos Rolling Stones seria composto de maneira diferente. Assim como *Emotional Rescue*, ele demorou pelo menos dois anos para sair.

★

John Lennon, o beatle com a carreira solo mais promissora, ao lado de sua Yoko Ono, foi assassinado a tiros no dia 8 de dezembro de 1980. Mark David Chapman deu quatro tiros nas costas e no ombro esquerdo do músico, após Lennon autografar seu disco *Double Fantasy*, que o músico tinha acabado de lançar. Chapman disse que tinha

> Romance escrito por J.D. Salinger, publicado em 1951. O livro ficou popular entre os adolescentes por tratar de temas desta etapa da vida, como confusão, angústia, identidade e alienação.

se inspirado no personagem Holden Caulfield, personagem anti-herói adolescente e rebelde do livro *O apanhador no campo de centeio*.

O crime aconteceu em Nova York, mas parece não ter afastado Mick Jagger da cidade, que concentrava transgressores e fãs malucos. Após ter se separado de Bianca, o cantor estava vivendo seu novo romance com Jerry Hall e administrando os Rolling Stones com mão de ferro. O sucesso da banda não poderia ser interrompido de forma alguma. Mick estava se aproximando dos quarenta anos, já não era mais um jovem roqueiro, mas era um artista consagrado e ainda com gosto por mulheres mais jovens e modelos talentosas.

Tattoo You foi lançado no dia 24 de agosto de 1981, mas parte de suas músicas começou a ser composta em 1972. "Start Me Up", o clássico de Keith Richards que ganhou potência na performance afetada de Mick Jagger já estava pronta em 1977. O disco parece concentrar muitas criações que os Rolling Stones não tinham divulgado até então. Eram sobras de gravações de estúdio sendo reaproveitadas.

O título do disco tinha um apelo meio punk rock, fazendo referência ao movimento dos jovens na época. A imagem de capa era o rosto de Mick Jagger adornado como o arpoador canibal do livro *Moby Dick*, Queequeg. O personagem literário é repleto de tatuagens tribais no rosto.

> Escrito pelo autor norte-americano Herman Melville, no século XIX.

Em janeiro de 1980, antes do lançamento do disco, Keith Richards conheceu Patti Hansenem em uma festa disco na cidade de Nova York. Depois de ter se separado de Anita, Keith namorara uma mulher chamada Lil Wergilis, mas ele realmente se apaixonou por Patti, a ponto de escrever cartas de amor muito antes de ter relações sexuais com ela. "Foi bom que meu coração tivesse algo com que se distrair naquela época, porque uma corrente amarga estava começando a fluir entre mim e Mick", explica o guitarrista, que voltara a se desentender com o vocalista dos Stones, mesmo após ter se livrado das drogas. O guitarrista completou em suas memórias: "Eu percebi que havia um lado da minha vida como *junkie* que agradava Mick, o lado que me impedia de interferir nos negócios do dia a dia. Agora eu estava ali, livre da heroína".

"Cale a boca, Keith" se tornou a palavra de ordem de Mick Jagger para impor seu poder na banda, impedindo qualquer protesto do guitarrista no processo criativo dos Rolling Stones. Keith Richards chegou a pedir ajuda a Earl McGrath, o responsável pela gravadora Rolling Stones Records. E, enquanto os dois brigavam, Ronnie Wood começava a se viciar em crack.

O vício de Ronnie deixava o segundo guitarrista praticamente inutilizado para a turnê de *Tattoo You*. Para recuperar a confiança na banda e diminuir as brigas com Mick, Keith Richards decidiu puxar para si a responsabilidade de encaminhar Ronnie Wood para a reabilitação. "Ele estava sendo extremamente irresponsável. Ele tinha me prometido que não ia usar aquela merda durante a turnê. E aí a cortina vermelha caiu sobre os meus olhos novamente. Eu desci até o térreo e marchei até o saguão central do hotel. Patti tentou me segurar, dizendo: 'Não faça nenhuma loucura, por favor'. Àquela altura, ela tinha conseguido rasgar minha camisa. E eu respondi: 'Porra, ele está colocando a mim e a banda em risco'. Eu sabia que se acontecesse alguma merda, aquilo poderia me custar alguns milhões de dólares e estragar tudo", disse o guitarrista sobre a época.

Mas não foram apenas Keith Richards e as pessoas que se relacionaram com ele que protagonizaram polêmicas. Mick foi traído por Jerry Hall, após ostentar suas próprias traições diante da modelo. Jerry foi vista com o magnata das corridas de cavalos, Robert Sangster. A manchete da revista *People* foi: "Mick e Jerry se separam! Um escândalo se forma enquanto Jerry sai galopando com um cavaleiro milionário". Mick Jagger só tinha sido traído publicamente dessa forma uma vez antes por Marianne Faithfull, que fugira com Mario Schifano em meados de 1967.

Com essas intimidades expostas, o clima entre Mick Jagger e Keith Richards ia se deteriorando. Philip Norman afirma: "O ponto mais doloroso para Keith era a necessidade de Mick sempre parecer jovem e descolado, e a consequente ameaça à integridade dos Stones como *bluesmen* ortodoxos". Ou seja, o embate era entre um guitarrista com tradição de ser um dos maiores "bardos do rock", fiel a um estilo mais simples e direto, contra um cantor que estava absorvendo o clima de Nova York e das grandes metrópoles, em expansão na época.

Os sons nova-iorquinos eram o rap e o hip-hop, repletos de rimas banais, *break* e ritmos mais duros. Mick Jagger começou a se interessar por esse gênero, que não atraía tanto os artistas brancos, mas que chamava sua atenção justamente por ser um estilo novo vindo diretamente dos guetos norte-americanos.

Keith queria chamar *Tattoo You* de apenas *Tattoo*, mas foi ignorado por Mick. O guitarrista também achou desnecessárias as danças coreografadas e o desempenho cada vez mais ensaiado de Mick Jagger. O cantor estava transformando os Rolling Stones em um espetáculo.

"No começo dos anos 1980, Mick começou a ficar insuportável. Foi quando se tornou Brenda, ou Sua Majestade, ou simplesmente Madame", desabafou Keith Richards em suas memórias. Seu companheiro de brigas com Mick Jagger era o guitarrista Ronnie Wood, que estava em sua fase mais *junkie*.

Tattoo You ficou no segundo lugar do UK Top 100 Albums, mas assumiu o topo das paradas americanas e australianas. "Start Me Up" foi a música de rock mais potente divulgada na época, e até hoje faz parte do repertório dos Stones, como uma marca definitiva do começo da década de 1980 em suas carreiras.

★

O apelido pejorativo Brenda apareceu quando Keith foi até VHSmith, uma livraria inglesa na Rue de Rivoli. O nome surgiu por causa de um romance escrito por uma mulher chamada Brenda Jagger. O apelido começou a ser usado em 1982. Keith também chegou a chamá-lo de "*beef curtains*", uma gíria para "lábios vaginais". Ou seja, o guitarrista começou a debochar até mesmo da aparência do amigo de banda.

Keith Richards defendia de maneira categórica que a banda era "uma equipe", enquanto categorizava Mick Jagger como uma pessoa de ego inflado e como um músico que pensava apenas em si mesmo, e não nos Rolling Stones. Mick brigava também por causa dos abusos de Ronnie Wood. Já Charlie Watts não se intrometia nas disputas. "Mick tem ideias megalômanas. Todo vocalista tem. É uma doença conhecida como LVS, Lead Vocalist Syndrome [síndrome do vocalista]", desabafa Keith sobre a época. E o guitarrista ainda completou suas críticas ao cantor: "Eu me recuso a jogar esse jogo. Meu negócio não é show business. Eu simplesmente quero tocar minha música, porque sei que é algo que vale a pena escutar". E foi nesse ambiente hostil que nasceu o álbum *Undercover*.

Mick Jagger contra-atacava apenas afirmando que Keith Richards pensava nos Rolling Stones como "um bando de aposentados". O fato é que, independentemente do ponto de vista, os dois estavam brigando porque Mick já não era mais o roqueiro performático dos anos 1960. O cantor havia passado por uma transformação e estava absorvendo novos estilos e influências para a banda. Mick Jagger também tinha aprendido, ao ajudar na produção dos próprios discos, a captar um certo *feeling* do momento musical no mundo pop.

O momento da música pop internacional não era mais o rock com referências aos blues dos anos 1950, tampouco o rock alucinógeno influenciado pelas drogas, como havia sido no final da década de 1960 e durante os anos 1970. O rock que Mick Jagger estava tentando fazer possuía uma dose de rap americano, colocando sua voz em evidência e não dando a devida abertura a Keith. Eram os tempos do disco *Thriller*, de Michael Jackson, um marco na música mundial e no florescimento das canções dançantes e performáticas.

> Michael Jackson lançou esse álbum no dia 30 de novembro de 1982.

"Jackson se tornara, de fato, um Beatles negro de um homem só, assim como seu rival estrábico, Prince, tornou-se um Rolling Stones negro de um só homem. Mas foi principalmente como um dançarino de inventividade impressionante, misturando elementos de punk, hip-hop, rocky horror e de um astronauta caminhando sobre a lua que ele tomou o trono de número um do pop daquele que o ocupava há vinte anos. E, para coroar tudo, ele também se chamava Michael", explica o jornalista Philip Norman, relatando o medo dos Stones no começo dos anos 1980 e a mudança que o universo da música pop estava sofrendo naquele momento.

Apesar de suas brigas com Keith Richards, na época Mick estava disposto a contar sobre a sua versão da história ao lado dos Rolling Stones e também sobre sua vida privada. No final de 1982, ele declarou que estava trabalhando em sua autobiografia com a editora Weidenfeld and Nicolson, de Londres. Essa editora era famosa porque seu cofundador e presidente, George Weidenfeld, pagava enormes quantias de dinheiro aos seus autores.

No entanto, os problemas no livro começaram logo com a escolha de um *ghost-writer* para escrever a história de Mick Jagger. Segundo Philip Norman, "Mick declarou que não queria 'um charlatão', mas um 'nome' literário, jovem e interessante o suficiente para não entediá-lo durante as horas em que ficassem fechados juntos no mesmo ambiente". Um escritor de 29 anos chamado Adam Mars-Jones foi visitar Mick Jagger para tentar se tornar seu *ghost-writer*. Ele começou a conversar com o cantor, disse que era um "engenheiro da palavra", ouviu ele dizer que Charlie Watts era seu baterista e chegou a fumar um baseado com o Stone. Charlie respondeu que Mick era seu cantor. Mars-Jones acredita que não foi o escolhido porque não era descolado o suficiente e não tragou bem o baseado que dividiu com Mick Jagger.

Mick escolheu então um editor literário chamado John Ryle, jovem, culto, descontraído e bonito. O editor da autobiografia seria

Michael O'Mara, que vendeu os direitos do livro por 1,5 milhão de libras. Mas a expectativa sobre a obra começou a cair já nas primeiras entrevistas de Ryle com Mick, que davam muita atenção às histórias em Dartford nos anos 1950, sem revelações bombásticas sobre a história dos Stones. Mick Jagger chegou a minimizar seu relacionamento com Marianne Faithfull e disse que o sexo entre eles era "maçante".

O grande problema do cantor dos Rolling Stones é que ele não tinha o costume de fazer registros em diários, e passou a fazer menos ainda quando sua banda começou a fazer sucesso internacional. Robert Palmer, do *The New York Times*, chegou a assumir parte das entrevistas para ajudar no trabalho de John Ryle, mas o livro não saiu do papel.

O integrante dos Stones que tinha mais memórias na época era Bill Wyman, mas ele estava ocupado demais com sua própria autobiografia para ceder dados ao músico rival na época, Mick Jagger.

Wyman pensou em sair dos Rolling Stones quando Mick Taylor abandonara a banda, ainda nos anos 1970. Acabou não fazendo isso por acreditar que o grupo ainda o colocava em evidência, mas estava insatisfeito com a ditadura de composições imposta por Mick Jagger e Keith Richards. Por esse motivo, ele produziu e compôs o disco *Monkey Grip* com ajuda da gravadora Atlantic, em maio de 1974. A carreira solo de Bill Wyman não teve apenas esse trabalho, mas também o álbum *Stone Alone*, de 1976.

O baixista dos Rolling Stones também produziu sua própria autobiografia em 1997, com o mesmo título de seu segundo álbum, *Stone Alone*. Em abril de 1982, o músico lançou o disco solo *Bill Wyman*. Ele, de fato, tinha uma carreira à parte, com ajuda da própria infraestrutura de produção dos Rolling Stones.

Devido aos projetos paralelos de Wyman, e também por outros motivos, em 1983, Mick Jagger decidiu seguir novos rumos em sua própria trajetória como cantor na época de *Undercover*. "Os Rolling Stones não podem ser, na minha idade e depois de todos esses anos, a única coisa na minha vida", disse Mick, que estava completando quarenta anos. As brigas internas do grupo o fizeram repensar quais seriam seus próximos passos. "Eu certamente ganhei o direito de me expressar de outra maneira", afirmou o vocalista.

"Os Rolling Stones não podem ser, na minha idade e depois de todos esses anos, a única coisa na minha vida".

Undercover foi gravado entre 11 de novembro e 17 de dezembro de 1982, no Pathé Marconi Studios, em Paris, na França. Uma segunda sessão de gravações ocorreu em Nova York entre os meses de maio e agosto de 1983 para a finalização do disco. Ele foi lançado no dia 7 de novembro de 1983. No UK Top 100 Albums, *Undercover* ficou apenas em terceiro lugar. Na Billboard 200, nos Estados Unidos, o disco ficou em quarto lugar.

Além dos The Glimmer Twins, o material contou com a produção de Chris Kimsey, que também trabalhou com Peter Frampton, Marilion e The Cult. Kimsey também havia feito a engenharia de som dos discos *Sticky Fingers*, *Some Girls* e *Emotional Rescue*. O especialista também deu assistência aos Stones em *Tattoo You*.

Apesar de ser fluido, com uma pegada pop fácil de ser ouvida, *Undercover* sofreu a pressão das mudanças da época, com a ascensão da MTV e da geração da televisão colorida. É um disco de rock que tenta soar como música de discoteca.

★

As brigas entre os integrantes dos Rolling Stones poderiam ter parado nas diferenças entre Keith Richards e Mick Jagger. Mas infelizmente os desentendimentos não ficaram restritos a este ponto. Ronnie Wood apoiava Keith nas brigas. Charlie Watts estava se mantendo neutro, mas o equilíbrio do baterista que tinha pretensões de ser jazzista estava em risco pouco depois do lançamento de *Undercover*.

Charlie não gostava de estar com os Rolling Stones. Sua energia e concentração só continuavam porque tinha uma sincronia com a guitarra base de Keith Richards. Essa conexão entre os dois músicos dava o tempero musical necessário para a voz de Mick Jagger. Mas isso não bastava, e logo Charlie Watts começou a ser consumido pela bebida e pelas drogas, desgastando seu casamento com a esposa Shirley.

No final de 1984, os Rolling Stones se reuniram em Amsterdã, na Holanda, com exceção de Charlie. Mick resolveu chamá-lo pelo telefone, usando uma frase com a qual havia brincado com o jornalista Adam Mars-Jones: "Onde está o meu baterista?".

Mick Jagger estava usando um paletó de Keith Richards. Charlie Watts chegou, pegou o cantor pelo casaco e o acertou com um soco forte o suficiente para derrubar um prato de sanduíches de salmão defumado. "Nunca mais me chame de 'seu' baterista!", disse o músico, frustrado.

Mick disse que o amigo estava bêbado. Poucos minutos depois, Charlie ligou para dizer que estava voltando. Mick Jagger disse: "Ele está vindo para se desculpar". Charlie Watts então entrou no cômodo e agrediu Mick de novo. "Só pra você não esquecer", disse o baterista.

★

No dia 2 de março de 1984, nasceu Elizabeth Scarlett Jagger, a primeira filha de Mick com Jerry Hall. Eles ainda não estavam casados, mas namoravam, e Jerry influenciava fortemente a vida pessoal do cônjuge, e se mantinha discreta, principalmente nas puladas de cerca. No ano seguinte, em 1985, nasceu a primeira filha de Keith com Patti Hansen, Theodora.

She's the Boss foi o primeiro disco solo de Mick Jagger, gravado entre maio e novembro de 1984. O material só chegou às prateleiras a partir do dia 19 de fevereiro de 1985. O cantor lançou novamente composições com apelo pop baseadas em sua vida pessoal. Mick chamou uma porção de músicos talentosos para fazer parcerias no álbum solo, como Pete Townshend, Jeff Beck, Carlos Alomar e Herbie Hancock. Alomar ficou conhecido como o guitarrista porto-riquenho que trabalhara com David Bowie. Jeff Beck, assim como Pete Townshend, é um dos mestres da guitarra elétrica dos anos 1960. A produção ficou por conta do próprio Mick Jagger, com ajuda de Bill Laswell e Nile Rodgers.

O primeiro a não gostar da ideia do disco solo de Mick foi Keith Richards, que temia que a carreira paralela do amigo de infância prejudicasse os Rolling Stones. E o que Keith temia acabou realmente acontecendo: Bill Wyman criou uma banda chamada Willie and the Poor Boys para arrecadar dinheiro para pesquisas sobre a esclerose múltipla. O grupo teve participação de Charlie Watts e Ronnie Wood, além da ajuda de Jimmy Page, do Led Zeppelin, resultando em uma turnê bem-sucedida em 1985.

O surgimento do disco autoral de Mick Jagger aconteceu no mesmo período em que os Stones assinaram um contrato de gravação de 20 milhões de dólares com a CBS e o presidente do grupo, Walter Yetnikoff. "Ficou claro que isso já vinha sendo planejado há muito tempo. Mick era a grande estrela, e Yetnikoff e os outros apoiavam totalmente a ideia de ele ter uma carreira solo – isso fez com que Mick se sentisse lisonjeado, e o encorajou a assumir o controle de tudo. Aliás, mais tarde, Yetnikoff admitiu que a CBS achava que Mick podia se tornar um sucesso tão grande quanto Michael Jackson", desabafou Keith Richards em suas memórias.

A opinião de Keith sobre o disco é bem particular, mas explica bastante como foi a recepção do material na época: "Nunca cheguei a escutar o álbum do começo ao fim. Ninguém escutou. Era como *Mein Kampf.* Todo mundo tinha uma cópia, mas ninguém escutava". Esse comentário do guitarrista poderia estar exagerando a situação? Com

---

Título do livro de autoria do chanceler nazista Adolf Hitler, traduzido para o português como *Minha luta*. Como a Alemanha foi derrotada durante a Segunda Guerra Mundial, a leitura do manuscrito ficou proibida por muitos anos. Por isso, Keith Richards comparou o livro de Hitler com o disco de Mick Jagger.

certeza, porque o álbum ficou em sexto lugar nas paradas britânicas e em 13º no Billboard 200. Ou seja, teve um sucesso considerável.

E o guitarrista completou, com um tom de crítica e um pouco de amargura: "Eu posso entender quando alguém tem um arroubo de independência. Eu mesmo gosto de tocar com outras pessoas e fazer outros tipos de trabalho, mas, no seu caso, ele queria apenas ser Mick Jagger sem os Rolling Stones".

Charlie Watts também estava tocando em um grupo instrumental de boogie-woogie chamado Rocket 88, com participação de Ian "Stu" Stewart, o primeiro administrador dos Rolling Stones, e Alexis Korner, o homem que mostrou o blues a Mick Jagger, no começo de sua carreira.

> Estilo musical que mistura blues com um ritmo sincopado.

Keith registrou em sua autobiografia como até o processo de composição foi alterado com as mudanças de Mick Jagger na época. "Vamos simplesmente continuar fazendo a coisa do jeito que sempre fizemos, ou seja, nós gostamos dessa música? Ela passa no nosso crivo? Afinal, Mick e eu escrevemos nossa primeira música numa cozinha. Nosso mundo não precisa ser muito maior do que isso. Se tivéssemos ficado pensando sobre como o público iria reagir, não teríamos gravado disco nenhum. Eu entendia Mick, porque vocalistas sempre acabam caindo na cilada da competição; o que é que o Rod está fazendo? E o Elton? E o David Bowie, o que será que ele está fazendo?", questionou o guitarrista.

E ainda completa: "Em outros tempos eu adorava estar com Mick, mas deve fazer uns vinte anos que eu não vou ao camarim dele. Às vezes, sinto falta do meu amigo. Para onde diabos ele foi? Acho que, com o passar dos anos, Mick foi se isolando cada vez mais".

No dia 13 de julho de 1985, grandes nomes da música internacional se reuniram no Live Aid, uma série de shows gigantescos para arrecadar fundos contra as vítimas da fome na África. Os concertos foram realizados em dois programas de televisão ao vivo, um no estádio Wembley, em Londres, e outro no JFK Stadium, na Filadélfia,

Estados Unidos. O Live Aid contou com a participação de artistas como David Bowie, Paul McCartney, The Who, Queen, Madonna, U2, Status Quo, Phil Collins, Duran Duran, Bob Dylan e Alison Moyet.

Os Rolling Stones não participaram. Mick Jagger fez um show sozinho com a participação de Tina Turner cantando "It's Only Rock'n'roll". Keith Richards e Ron Wood se apresentaram com Bob Dylan. Keith era a antítese de Mick, magro, com cigarro caído e mole na boca. Mick saltava no palco, dançava e guiava o público. Os dois shows dos integrantes dos Stones, separados, foram no JFK Stadium.

Ainda no Live Aid, Mick Jagger também fez uma performance memorável com David Bowie. A ideia original era que um gravasse no Wembley e o outro no JFK Stadium, e os dois cantassem juntos através da conexão de satélite usada pelas televisões. Como existia um atraso entre as transmissões, a apresentação simultânea não foi possível, mas Mick e Bowie gravaram previamente uma performance da música "Dancing in the Street", clássico do grupo Martha and the Vandellas. A composição tinha sido inspiração para a música "Street Fighting Man", dos Stones. Os dois gravaram "Dancing in the Street" dançando sozinhos na rua, com uma atmosfera que reforçava o relacionamento e o bom entrosamento entre os dois músicos.

"Dancing in the Street" foi lançado como single no dia 12 de agosto daquele ano, ficando quatro semanas no topo das paradas do Reino Unido e conquistando enorme popularidade com o clipe na MTV.

★

O primeiro filho homem de Mick Jagger nasceu no dia 28 de agosto de 1985, no Lenox Hill Hospital, em Nova York. James Leroy Augustin Jagger também nasceu da união do cantor com Jerry Hall. A gravidez de James aconteceu nove meses depois do nascimento de Elizabeth. James teria um irmão gêmeo, mas ele morreu no quinto mês de gestação. Jerry teve um coágulo onde a placenta do outro

Tina Turner e Mick Jagger, em apresentação no Live Aid, em 13 de julho de 1985.

Paul Natkin/Getty Images

bebê se ligava a seu útero. James sobreviveu. A namorada de Mick Jagger estava sofrendo no hospital, fraca e abatida, enquanto o cantor arrancava a saia de Tina Turner no Live Aid. Com dois filhos em dois anos, a carreira pessoal de Mick estava a todo vapor.

Jerry Hall, no entanto, queria se casar com o músico, que negava os boatos em praticamente todas as entrevistas que dava. A mulher do Stone chegou a confessar seu desejo em sua autobiografia, chamada *Tall Tales*. Como diz o biógrafo Philip Norman, "eles se tornaram o casal quase casado mais famoso do mundo".

★

Poucos dias depois do Live Aid, no dia 18 de julho de 1985, Ian "Stu" Stewart morreu em decorrência de um ataque cardíaco, aos 47 anos. O velório foi em um campo de golfe do músico em Leatherhead, no condado de Surrey, no Reino Unido.

A morte do primeiro administrador dos Rolling Stones, o pianista que tocava blues no começo da banda, fez com que Mick e Keith deixassem suas diferenças de lado e voltassem a tocar juntos. Keith Richards ficou abalado com a partida repentina do amigo, o que o fez abaixar suas defesas e tolerar da melhor forma a presença de Mick Jagger. Depois de quatro anos de hiato, a banda voltou a subir em um palco para homenagear Stu. O show aconteceu no 100 Club, em Oxford Street, Londres, próximo do antigo Marquee. A apresentação foi no dia 23 de fevereiro de 1986. No repertório, covers de blues foram incrementados pela presença de Pete Townshend e do guitarrista solo em ascensão, Eric Clapton.

No entanto, a reaproximação de Keith Richards com Mick Jagger estaria ameaçada em pouco tempo. Na mesma época, Keith teve sua segunda filha com Patti Hansen, Alexandra.

★

Stevie Wonder e Mick Jagger, em 1972.

Com gravações realizadas entre os dias 8 de abril e 17 de junho, e entre 17 de julho e 16 de agosto de 1985, os Rolling Stones lançaram *Dirty Work*. O disco teve produção de Steve Lillywhite, o homem que revelou o U2 para o mundo. Mesmo com esse nome de peso e o selo da Columbia, o trabalho não possuía a mesma empolgação de antes. Grande parte da desunião do grupo era fruto do ego de Mick Jagger, que tentava consolidar sua carreira própria, assim como inúmeros outros músicos fizeram nos anos 1980: Ozzy Osbourne saiu do Black Sabbath e formou sua banda solo, Eric Clapton decolava sozinho depois de participar de inúmeros grupos e David Bowie tinha alcançado o status de camaleão do rock depois de trocar várias vezes de personagens no palco.

Keith afirmou sobre o vocalista dos Stones: "O clima estava péssimo quando nos encontramos em Paris, em 1985, para gravar *Dirty Work*. As gravações tinham sido adiadas porque Mick andava trabalhando no seu álbum solo, e estava ocupado promovendo a própria carreira. Ele tinha contribuído com pouquíssimas músicas para o nosso álbum, pois havia usado quase todas no seu".

Músicas como "Fight" foram criadas por Keith Richards como uma provocação a Mick Jagger. "O que eu quero é poder, mais poder / O que eu preciso é de uma vida inocente / Quero fazer isso em plena luz do dia / Eu sou o caminhão, eu sou o suicídio", diz a letra. O disco, inclusive, conseguiu resumir os sentimentos de inimizade que estavam brotando em um grupo que estava junto há mais de vinte anos.

A briga de Mick Jagger com Keith Richards parecia uma versão tardia dos desentendimentos entre John Lennon e Paul McCartney, que duraram boa parte da década de 1970 e se concentraram em uma música: "How Do You Sleep", do álbum solo de Lennon, *Imagine*, lançada no dia 8 de outubro de 1971, no Reino Unido.

Dirty Work foi lançado no dia 24 de março de 1986 e ficou em quarto lugar nas paradas americanas e britânicas. O disco tinha com dez faixas, mas há uma 11ª faixa sem título, com um trecho de

> Além de Lillywhite, o outro produtor que revelou o U2 foi Brian Eno, que tinha trabalhado também com David Bowie.

> Esses não são os únicos exemplos dessa tendência. Desde os anos 1970, com a separação dos Beatles, as gravadoras e os produtores passaram a apostar em grupos liderados por um único músico de destaque, assim como era na época de Elvis. Os anos 1960, dos Beatles e dos Rolling Stones, eram mais ricos com bandas e supergrupos.

> No original: "What I want is power, more power / What I need is an innocent life / Wanna do it in the broad daylight / I'm the truck, I'm the suicide".

"Key to the Highway", um blues da década de 1940 composto por Charlie Segar. Embora tenha letras e composições de um Keith Richards amargurado por sua relação abalada com Mick Jagger, o álbum também foi dedicado ao músico Ian "Stu" Stewart, e registrava a frase: "Obrigado, Stu, por 25 anos de boogie-woogie".

Keith Richards queria que *Dirty Work* desse origem a uma turnê, principalmente porque o disco foi lançado graças a um grande esforço de sua parte. Mick Jagger, no entanto, tinha outros planos e enviou uma carta à banda explicando-os. O cantor queria investir em sua carreira solo. Keith então não teve dúvidas e resolveu dedicar seu tempo a parcerias com músicos alternativos da época. Foi nesse período que ele tocou com Chuck Berry no Fox Theater, em Saint Louis, nos Estados Unidos. O concerto aconteceu no dia 16 de outubro de 1986 e foi realizado para o filme *Hail! Hail! Rock'N'Roll*. O show também foi um marco na carreira de Keith Richards, que teve a oportunidade única de tocar com o ídolo que praticamente moldou o som dos Rolling Stones nos discos da década de 1960.

Mesmo com esse encontro histórico, o guitarrista tem críticas ao músico de blues. "Eu não costumo criticar as pessoas (fora do meu círculo de amizades), mas tenho que dizer que fiquei muito decepcionado com Chuck Berry. Quando juntamos o nosso equipamento com o dele para produzir o filme, fiquei sabendo depois que ele cobrou a companhia de produção pelo uso dos seus amplificadores. Desde o primeiro compasso do nosso primeiro show no Fox Theatre, em Saint Louis, Chuck jogou pela janela todos os planos que tínhamos articulado cuidadosamente, tocando arranjos totalmente diferentes em tons totalmente diferentes", desabafou Keith Richards em suas memórias.

O fato é que, como a boa "tarântula" que é, os caminhos diferentes de Keith começaram a separá-lo do gênio controlador de Mick Jagger. Os conflitos internos voltaram porque o cantor resolveu que teria sua própria carreira, independente de Keith, Charlie ou Ronnie Wood. E essa nova fase de brigas iria ter um fim, para o bem ou para o mal.

> Documentário lançado no dia 8 de outubro de 1987, dirigido por Taylor Hackford e produzido por Keith Richards. O filme mostra o show de sessenta anos de Chuck Berry, um dos maiores ícones do blues. Keith tocou com o *bluesman*, e também com Eric Clapton, Robert Cray, Etta James, Johnnie Johnson, Steve Jordan, Bobby Keys, Julian Lennon, Linda Ronstadt e Joey Spampinato.

> Apelido que Mick Jagger ganhou ao tentar separar Keith Richards de Gram Parsons, guitarrista que o Stone apreciava.

A MÚSICA DISCO

As discotecas surgiram na década de 1970 com um estilo de música que, em pouco tempo, capturou as atenções do universo pop e do *mainstream*, contaminado pelo rock britânico dos anos 1960. Esse segmento musical se tornou atraente para estrelas dos palcos como Mick Jagger, mas inúmeros musicistas – incluindo Keith Richards, seu parceiro de composições – não se sentiram confortáveis com a transformação da sonoridade na época.

Ao contrário do rock'n'roll, que começou a explodir em Londres e em locais distantes dos Estados Unidos, a disco music nasceu no subúrbio de Nova York, atraindo fãs de música psicodélica, gays, mulheres e todos os grupos que não se sentiam representados na música popular internacional. Assim como o rock havia sido influenciado pelo blues, outros estilos de descendentes de africanos ajudaram a formar esse segmento musical. O funk e a música gospel influíram nesse gênero crescente, que possuía linhas fortes de contrabaixo acompanhadas pelas melodias dançantes dos sintetizadores eletrônicos.

Bee Gees, The Jacksons 5, Gloria Gaynor, Blondie e a fase mais dançante de David Bowie foram alguns exemplos de músicos que inauguraram a disco e enfraqueceram a influência do rock nas rádios e nas festas. O estilo se expandiu com a proliferação de discotecas, e as bandas passaram a ser compostas de poucos integrantes, sendo a maioria cantores ou músicos com instrumentos eletrônicos.

Já nos anos 1980, as pessoas deixaram de apreciar a disco, passando a frequentar os shows de bandas de hard rock como Queen, Guns'N Roses, Van Halen e Bon Jovi. A homofobia, o racismo e a aversão dos fãs de estilos tradicionais começaram a diminuir progressivamente o sucesso das discotecas. No entanto, o impacto da disco music já havia deixado sua marca no rock'n'roll: praticamente todas as bandas pós-punk passaram a empregar o uso de sintetizadores e de elementos dançantes em seus sons. The Cure, Joy Division, New Order e Siouxsie and the Banshees contribuíram para trazer a essência da disco para década de 1990 e até para o novo milênio.

> The Jacksons 5 foi o grupo que revelou uma das maiores estrelas da disco e do pop: Michael Jackson, o músico negro cujo sucesso ultrapassaria o dos Beatles.

Tecnicamente, os guitarristas foram o grupo de músicos mais prejudicados pelo advento da disco music. A entrada de teclados e sintetizadores diminuiu a importância dos sons agudos criados pelas seis cordas. A retomada do hard rock depois da decadência do punk rock fez com que uma nova leva de guitarristas virtuosos surgisse, como Eddie Van Halen, considerado um dos músicos mais revolucionários desde Jimi Hendrix.

Devido a essas rivalidades e influências, o rock atualmente é um estilo diverso, que reúne bandas que recorrem aos sintetizadores e músicos que preferem extrair sonoridades mais analógicas de seus instrumentos de corda.

CAPÍTULO 5: A BIGGER BANG

Keith Richards começa carreira solo. O guitarrista e Mick Jagger deixam as diferenças de lado. Bill Wyman sai dos Rolling Stones, depois de quase trinta anos. O nascimento de Lucas Jagger no Brasil. Os Rolling Stones unem-se novamente, renovando o grupo e promovendo discos que honram a trajetória da banda. A turnê que se tornou uma das mais lucrativas da história. Os Stones no século XXI.

No dia 25 de fevereiro de 1986, antes do lançamento de *Dirty Work*, os Rolling Stones receberam um Grammy pelo conjunto da obra, numa carreira que já passava de vinte anos. O evento serviu para apaziguar os ânimos da banda – todos estavam exaltados durante a gravação do disco. Keith Richards não suportava o vocalista Mick Jagger. O cantor, no entanto, disse que era uma "grande honra" trabalhar ao lado de seus colegas de grupo e ser reconhecido após tanto tempo.

Keith novamente entrou em conflito com Mick, principalmente por conta do novo trabalho solo do vocalista. *Primitive Cool* foi gravado entre os dias 17 de novembro e 18 de dezembro de 1986. O segundo álbum solo de Mick Jagger começou a ser finalizado entre janeiro e maio de 1987. A maior parte do disco foi gravada em Nova York, com sessões adicionais na Holanda e em Barbados. Mick teve apenas um coprodutor, Keith Diamond, e apoio dos guitarristas Jeff Beck e Dave Stewart. O material foi lançado no dia 14 de setembro de 1987.

O disco pareceu uma ofensa direta ao guitarrista Keith Richards, principalmente nas faixas "Kow Tow" e "Shoot off Your Mouth", sendo que a última soa como as frases ofensivas que Mick Jagger costumava falar ao músico durante as reuniões da banda para manter sua posição como líder inatacável.

No entanto, a gota d'água foi a decisão do cantor em fazer uma turnê própria, adiando os planos de Keith Richards com os Rolling Stones. Essa decisão provocou brigas até com Charlie Watts, que tinha fama de ser paciente e compreensivo com Mick e suas decisões pessoais. O calmo Charlie afirmou que o segundo disco solo de Mick Jagger "encerrava 25 anos de Rolling Stones".

"A grande traição de Mick foi quando ele anunciou em março de 1987 que estaria saindo numa turnê do seu segundo álbum, *Primitive Cool*. Eu achava que os Stones fariam uma turnê em 1986, mas meu projeto tinha sido frustrado pelos adiamentos constantes de Mick. Entre 1982 e 1989 nós não fizemos nenhuma turnê, e entre 1985 e 1989, não gravamos nada em estúdio juntos", comentou Keith Richards em seu livro. O guitarrista denunciou, basicamente, que a banda estava isolada e inativa por um conflito de egos com seu vocalista, que paralisava as atividades da banda de forma autoritária, a seu bel prazer.

Com a turnê de *Primitive Cool* anunciada, o que aconteceu em seguida foi uma troca de farpas interminável por meio da imprensa. Mick Jagger recrutou uma banda chamada The Brothers of Sodom, que tinha um guitarrista parecido com Keith Richards, com todo seu jeito afetado de tocar no palco. Keith então partiu para o ataque, disparando declarações para tabloides ingleses e jornais como o *Daily Mirror*. "Se você decidiu sair numa turnê sozinho, então use as músicas dos dois discos que gravou. Não finja que é um artista solo e depois coloque uma garota no palco dando saltos no ar, fazendo a coreografia de 'Tumbling Dice'. Os Rolling Stones demoraram muito tempo forjando um caráter íntegro, coisa que raramente se encontra na indústria musical", desabafou o músico ao ser questionado sobre sua opinião na nova empreitada do amigo de infância.

Essa declaração de Keith Richards à imprensa foi leve em comparação com a primeira entrevista que o guitarrista deu, enquanto Mick escolhia os músicos que iriam acompanhá-lo. "Se ele não quer sair numa turnê com os Stones, mas resolver sair com uma bandinha de garagem, eu rasgo a porra da garanta dele", afirmou Keith, logo no primeiro depoimento. Quando a banda de Mick Jagger foi formada, o guitarrista Keith Richards foi duro: "A bandinha punhetinha do disco boy Jagger". Keith chegou inclusive a sugerir que Mick cantasse ao lado do Aerosmith de Steven Tyler, que ele considerava um grupo vendido. Depois de tantas frases polêmicas, um dia um repórter perguntou a Keith Richards quando eles iriam parar de falar mal uns dos outros. O guitarrista respondeu: "Pergunte à puta".

Mick Jagger respondeu com uma arrogância à altura dos ataques de Keith Richards: "Eu amo Keith e o admiro muito... mas não acho que possamos mais trabalhar juntos". Para Mick, os Rolling Stones tinham se transformado em um "fardo", em suas próprias palavras. A postura do cantor era arrogante, mas certamente menos ofensiva do que a do guitarrista. No entanto, Mick tinha esse ponto de vista por conta de sua personalidade controladora de líder. Keith Richards estava, na verdade, descontando frustrações de anos e anos trabalhando com o vocalista.

Primitive Cool foi um fracasso, não por uma má recepção da crítica, mas pela colocação nos rankings internacionais. Os trabalhos de Mick Jagger ou dos Rolling Stones sempre ficavam no top 10 das paradas musicais. Este ficou no 26º lugar do UK Top 100 Albums. No Billboard 200, ficou na 41ª posição. Nesse mesmo ranking, o disco caiu para o 89º lugar em 1988. O primeiro single de Mick Jagger, "Let's Work", mal entrou para os top 40 da Billboard. O cantor ficou recluso após o fiasco de seu segundo trabalho solo.

Keith então decidiu dar um basta em sua amargura com Mick e começou a fazer suas próprias músicas. O guitarrista teve ajuda de Steve Jordan, um baterista que substituiu Charlie Watts na apresentação com Chuck Berry em 1986. "Eu sempre pensei que as canções escritas por duas pessoas são melhores do que aquelas escritas por uma. Você consegue um novo ângulo sobre ela", explicou Keith Richards sobre a base que Jordan ofereceu para que ele criasse o disco. *Talk is Cheap*, o álbum solo de Keith, começou a ser gravado em agosto de 1987, no auge das confusões com Mick, e foi finalizado no mês de maio de 1988. No dia 3 de outubro daquele ano, o material chegou às lojas.

"Era um som mais profundo, um som que eu nunca tinha obtido antes, que funcionava bem dentro daquele estilo de balada que eu tinha começado a escrever", confessou Keith, sobre suas músicas independentes no final dos anos 1980. Steve Jordan começou a trabalhar o lado compositor do guitarrista dos Stones a partir das gravações de *Dirty Work*, que ocorreram em Paris. "Ele é o único além de Mick. Minhas parcerias serão sempre Jagger/Richards ou Jordan/Richards", explicou o guitarrista em suas memórias.

Steve Jordan e Keith Richards começaram a criar o álbum *Talk is Cheap* a partir de um grupo chamado X-Pensive Winos [Os Bebuns de Classe]. Keith conseguiu resgatar Bobby Keys no saxofone e Mick Taylor na guitarra, mas também contratou diversos outros músicos. No entanto, mesmo com dezenove instrumentistas e cantores envolvidos, muitos deles com múltiplas habilidades, o disco chegou apenas à 37ª posição do ranking de músicas do Reino Unido. Nos Estados Unidos, o álbum ficou na 24ª colocação da Billboard em 1988, despencando para a posição 54ª no ano seguinte.

Mesmo sem obter sucesso no seu disco solo, Keith Richards sentiu os benefícios desse esforço individual. "Eu comecei a compor e a cantar de um jeito diferente. Um dos motivos disso foi que eu não estava mais compondo para Mick. Mas acho que a razão principal foi que eu estava aprendendo a cantar", disse Keith em seu livro. E o guitarrista completa: "Algumas pessoas odeiam o jeito como eu canto, outras adoram. É uma voz que tem personalidade. Não sou nenhum Pavarotti, mas também não gosto nem um pouco da voz do Pavarotti. Ser o vocalista principal de uma banda é um negócio exaustivo. Cantar uma música atrás da outra é o suficiente para derrubar a maioria das pessoas. Você despende uma quantidade incrível de oxigênio".

A carreira solitária, mas feliz, ao lado de outros músicos, o fez compreender um pouco melhor o universo de Mick Jagger, a responsabilidade de dominar os palcos e ser sempre destaque. De certa maneira, é correto dizer que a separação entre os dois acabou unindo-os de novo. "No final das contas, nem Mick nem eu conseguimos vender muitas cópias dos nossos álbuns solo porque eles querem a porra dos Rolling Stones, entende?", desabafou o guitarrista sobre a época.

Ronnie Wood, o segundo guitarrista dos Stones, fez uma turnê com Bo Diddley, outro dos músicos afro-americanos que mais influenciaram Mick Jagger e Keith Richards no começo da carreira. Wood também se tornou a atração principal em um bar chamado Woody's on the Beach, que ficou aberto por pouco tempo em Miami, nos Estados Unidos. E o baixista Bill Wyman estava fazendo música para filmes enquanto os outros Stones se concentravam em suas carreiras solo. Wyman também estava ocupado com o jornalista Ray Coleman, o *ghost-writer* escolhido para sua autobiografia. Ele não revelou dados preciosos que poderiam ter ajudado a criação do livro de Mick Jagger anos antes. Já Charlie Watts, depois do envolvimento com drogas e bebidas, estava finalmente envolvido com o jazz graças ao grupo Charlie Watts Orchestra.

No início de 1988, pouco antes do lançamento de *Talk is Cheap*, Ronnie Wood convenceu Mick e Keith a conversarem por telefone. No dia 18 de maio, os cinco Stones fizeram uma reunião de negócios depois de quase dois anos totalmente afastados. O consenso foi realizar uma reunião particular dos Glimmer Twins para darem fim a seus conflitos pessoais. Mick não queria que o encontro acontecesse na Jamaica, local que Keith ama, e o guitarrista não queria que o debate ocorresse em Mustique, nas ilhas Granadinas. Então o local escolhido foi o estúdio de Eddie Grant, Blue Wave, em Barbados, em um espaço de gravação. Esse local era considerado neutro pelos dois.

Mick Jagger tinha apenas dezessete anos quando encontrou Keith Richards na estação de trem em Dartford. Mick estava prestes a se tornar um estudante de economia em Londres. Keith estava perdido na vida, tocando guitarra sem saber qual seria seu futuro, como um *beatnik* vadio. Mesmo se conhecendo desde crianças, a amizade aparentemente não ia para frente. Mas foi naquele momento em que os Rolling Stones nasceram. Naquela estação inglesa, eles compartilharam o gosto por Chuck Berry. Aqueles dois futuros músicos foram unidos pelos ídolos em comum e pelas similaridades musicais, que deram base para que começassem a trabalhar lado a lado.

Em Barbados, a mesma ligação que havia surgido em Dartford voltou. Philip Norman afirmou sobre o encontro: "Logo os dois voltaram a se dar bem, e a bagagem dos últimos 27 anos pareceu cair nas costas deles: eles começaram a citar um ao outro em sua recente guerra pública de palavras e logo estavam ambos morrendo de rir".

Keith Richards confessou em sua biografia que não conseguiu guardar tanto rancor de Mick na época, apesar de ter ameaçado cortar a garganta do amigo e de ter se afastado dele. "No fundo, os Stones são maiores do que qualquer um de nós individualmente. Você e eu podemos fazer boa música juntos? É o que importa", desabafou o músico. Mas Keith contou um detalhe muito peculiar sobre a relação com Mick Jagger: eles precisavam ficar sozinhos para entender que um dependia do outro. E mais importante, que eles entendiam da mesma forma a importância da banda, de tudo que eles tinham feito até ali. Apesar de um ser controlador e outro mais criativo, Mick e Keith tinham estabelecido uma parceria que estava perto de completar trinta anos. Eles haviam percorrido um longo caminho de grande sucesso comercial juntos, e esse trabalho deveria continuar.

"Depois de quase ter dissolvido os Stones para sempre, Mick e eu agora tínhamos mais vinte anos de estrada pela frente", disse Keith, mostrando que, apesar do desgaste na relação artística, eles conseguiram, em conjunto, recuperar a banda de rock.

Em janeiro de 1989, Mick Jagger prestou uma homenagem a Ian Stewart e à "musicalidade maravilhosa" de Brian Jones, o integrante da banda que morreu afogado em uma psicina nos anos 1960, aos 27 anos. Mick também reconheceu sua trajetória ao lado de Keith Richards. Os Rolling Stones estavam juntos novamente, mas dessa vez entrando para o Hall da Fama do rock'n'roll nos Estados Unidos, com a presença de Mick Taylor, o antecessor de Ronnie Wood. Os únicos que não compareceram à reunião foram Bill Wyman e Charlie Watts.

Keith proferiu menos elogios do que Mick. Primeiro mencionou o fabricante de guitarras Leo Fender, e só depois agradeceu ao vocalista dos Stones pelos anos de colaboração.

★

Entre os dias 29 de março de 5 de maio, os Rolling Stones finalmente se reuniram, sem mais brigas entre Mick e Keith, para criar um novo álbum de estúdio. Uma segunda sessão foi realizada entre 15 de maio e 29 de junho. O disco foi gravado na ilha caribenha de Montserrat, no Air Studios. *Steel Wheels* chegou às lojas no dia 29 de agosto de 1989, com selo da Columbia, produção de Chris Kimsey (que havia trabalhado em *Undercover*) e dos The Glimmer Twins. O disco foi lançado com doze faixas, mas Mick Jagger e Keith Richards chegaram a compor cerca de cinquenta músicas, entusiasmados pelo fim das brigas.

Os Rolling Stones planejaram, então, uma turnê triunfal de retorno, para promover a banda por todo o mundo e conseguir arrecadar todo o dinheiro que não haviam garantido desde os anos 1980. Mick Jagger retornou aos shows com direito a farras e festas nos bastidores, traindo sua namorada e mãe de seus filhos, Jerry Hall.

"A ideia das megaturnês — *Steel Wheels*, *Voodoo Lounge*, *Bridges to Babylon*, *Forty Licks*, *A Bigger Bang*, esses shows fantásticos que nos mantiveram na estrada por meses a fio entre 1989 e 2006 — não foi concebida por Mick nem por qualquer um de nós. Foi basicamente a demanda do público que levou as turnês a essas proporções. Eram a única forma de a banda sobreviver. Os *royalties* dos discos mal pagavam as despesas gerais", disse Keith Richards, explicando como a banda conseguiu transformar sua música em um dos negócios mais lucrativos do mundo após ter passado por uma crise que quase a destruiu.

E Keith ainda completou a declaração citando as críticas feitas aos Stones atualmente: "Alguns aspectos dessas turnês teriam sido inimagináveis nos anos 1970. As pessoas começavam a murmurar, indignadas, dizendo que tínhamos nos tornado uma corporação e um veículo de marketing por causa de todos os nossos contratos de patrocínio. Mas isso também fazia parte do sustento da organização".

Steel Wheels ficou na terceira posição da Billboard 200 e no segundo lugar das paradas britânicas. Foi definitivamente a retomada na carreira depois das frustradas tentativas de carreiras individuais. O material ganhou dois discos de platina nos Estados Unidos, dois de ouro na França, um de ouro no Reino Unido e outro na Alemanha.

Os Rolling Stones fizeram shows marcantes depois dessa retomada, como o concerto em Praga, na República Tcheca, logo após o golpe que derrubou o regime socialista. Os jornais da época estamparam a seguinte machete: "Tanks Roll Out, Stones Roll In".

> O país foi chamado de Tchecolosváquia entre 1918 e 1992. A transformação do local e a queda do regime soviético deu origem a dois países diferentes: a República Tcheca e a Eslováquia.

> A manchete faz uma brincadeira com o nome dos Rolling Stones e as expressões *roll in* e *roll out*. Em tradução livre para o português: "Saem os tanques, entram os Stones".

★

Paul Natkin/Getty Images

Eric Clapton toca com Ron Wood (esquerda) e Keith Richards (direita) durante a turnê de *Steel Wheels,* em 1989.

Após diversos casos, Mick Jagger se casou com Jerry Hall em Bali, no dia 21 de novembro de 1990, após implorar e convencer a então namorada de que ele tinha mudado e que queria se unir a ela. A turnê de *Steel Wheels* havia terminado e o casal viajou para o Nepal, o Butão e a Tailândia. A cerimônia ocorreu com um guru hindu, perto da praia, com todos os preparativos acertados em segredo por Mick.

O cantor só contou detalhes de seu casamento a uma inglesa que ele tinha namorado quando ela tinha dezessete anos. Eles tinham se tornado amigos e o cantor chegou a hospedá-la em seu castelo La Fourchette. Mick Jagger, obviamente, tentou se envolver novamente com a garota, que evitou suas investidas.

★

Mesmo vivenciando um período de inspiração na carreira, os Stones sofreram uma perda em 1991: Bill Wyman decidiu deixar a banda após trinta anos de trabalho. Ele disse que estava com medo de andar de avião e passou a ir de carro para as turnês. Quando achou que a situação estava insustentável, pediu para deixar o grupo. Wyman abriu um restaurante especializado no prato típico londrino "fish and chips", chamado Sticky Fingers – o mesmo nome de um dos álbuns dos Rolling Stones, o que irritou Keith Richards, embora Mick Jagger não tenha se importado tanto.

Mesmo parecendo menos explosivo do que Keith, o vocalista afirmou na época: "Tocar baixo não pode ser tão difícil. Se for necessário, eu mesmo toco". Já Keith Richards teve outra reação: "Ninguém sai da banda, a não ser em um caixão".

O grupo só anunciou oficialmente a saída de Bill Wyman em 1993, quando eles já tinham encontrado o substituto: o músico negro Darryl Jones, amigo de Steve Jordan que já havia tocado com o jazzista Miles Davis. O novo baixista fazia parte do círculo de amizades de Keith e se entrosou rapidamente com o grupo.

Pode-se dizer que Mick Jagger ficou feliz quando Wyman decidiu deixar a banda porque havia um fato envolvendo o baixista, um escândalo que superava qualquer um em que o vocalista tinha se envolvido, e que o irritava profundamente. Em 1984, Wyman havia conhecido uma mulher chamada Mandy Smith, por quem nutriu uma paixão platônica, segundo o baixista, com o consentimento da mãe dela. Os dois se casaram em junho de 1989 e estamparam as manchetes do *News of the World*. O motivo? Bill tinha 52 anos e Mandy, 18. Quando eles começaram a namorar, ela tinha apenas treze anos.

Mas o escândalo não terminou aí. O casamento durou apenas uma semana, e Mandy emagreceu 35 quilos subitamente devido a um transtorno alimentar. A polêmica final foi um verdadeiro *Deus Ex Machina*: o filho de Bill Wyman, Stephen, de 27 anos, apaixonou-se pela mãe de Mandy, Patsy, transformando a sogra do pai em sua futura nora. Episódio digno de novela mexicana.

> Expressão latina derivada do grego que significa "Deus surgido da máquina". Na Grécia antiga, o termo não se referia às máquinas e aos computadores que existem atualmente, mas sim a qualquer criação artística. Os gregos acreditavam que uma solução da arte, da criação humana, poderia determinar a história assim como um Deus que muda a corrente dos acontecimentos. Dessa forma, a expressão indica, basicamente, uma conclusão absurda ou inesperada diante de um acontecimento.

Quando entrou nos Stones, Wyman impressionava por possuir um bom equipamento, sobretudo por seu amplificador. No palco, o baixista tocava de um jeito estranho, com o instrumento quase na vertical, e mantinha uma boa interação com a guitarra frenética de Keith Richards. No entanto, o músico não estava satisfeito com o grupo havia pelo menos dez anos. Com muita frequência, os outros integrantes dos Rolling Stones o substituíam: Mick Taylor fez a linha de baixo em "Tumbling Dice", e Ronnie Wood em "Emotional Rescue" e "Fight". Até Keith tocou contrabaixo em músicas como "Let's Spend the Night Together", de 1966.

Nos bastidores, o grande problema de Bill Wyman com seus ex-parceiros era, de fato, dinheiro. Em sua autobiografia, Wyman reinvindicava a autoria de várias composições assinadas por Jagger/Richards ou por apenas um desses dois músicos. O baixista recebia os créditos esporadicamente, mas estava condenado a ser coadjuvante dentro dos Stones. Esse papel era dividido com Ronnie Wood e Charlie Watts, mas Ronnie era bem próximo de Keith e Charlie sempre foi uma pessoa equilibrada, que não tinha problemas em ceder espaço para o ego de Mick.

Philip Norman falou sobre Bill Wyman: "O seu rendimento como membro fundador da banda que mais ganhava dinheiro no mundo era apenas uma fração do que geralmente se supunha – tanto que, por longos períodos, ele tinha sido forçado a viver ultrapassando o limite do cheque especial".

Wyman pensou em sair quando Mick Taylor deixou a banda, ainda na década de 1970, mas permaneceu no grupo mesmo com a crise que envolveu Mick Jagger e Keith Richards. Com as diferenças internas se resolvendo aos poucos, Bill Wyman entendeu que as estrelas continuariam sendo sempre Mick e Keith. Insatisfeito com seu ínfimo espaço, decidiu deixá-los.

★

Além do trabalho com a banda, Keith Richards também participou de trilhas sonoras de séries de televisão nos anos 1990. O guitarrista dos Stones e os X-Pensive Winos gravaram músicas improvisadas para o programa *The Sopranos*.

Família Soprano, no Brasil. A série americana criada por David Chase e produzida pela HBO ficou no ar de 1999 a 2007.

O disco ao vivo *Flashpoint* foi lançado em 8 de abril de 1991 com uma mensagem de engajamento político, coisa que os Rolling Stones não faziam há muitos anos. Era época da invasão dos Estados Unidos e do Reino Unido no Kuwait, país que fora submetido ao controle militar de Saddam Hussein, então ditador do Iraque. Esta era uma situação hipócrita, pois os próprios ingleses tinham apoiado a chegada de Hussein ao poder em contraposição ao poder bélico do Irã no Oriente Médio. Dessa maneira, a Guerra do Golfo se desenvolveu com discursos falsos de ambos os lados. Mick Jagger criticou a retórica falsa desses países na composição "Highwire", que tem como tema os traficantes de armas que estavam ganhando dinheiro com a guerra, especialmente com a queda da União Soviética e a abertura do armamento russo para potências capitalistas. "Nós não temos orgulho, não importa de quem são as botas que lambemos", diz a letra.

> "We got no pride, don't care whose boots we lick", no original.

Outra música que mostrava quem realmente era a voz dos Stones é "Sex Drive", inspirada em "Get Up (I Feel Like Being a) Sex Machine", de James Brown. O clipe dessa composição mostra Mick Jagger deitado em um divã tendo visões de mulheres lindas com pouca roupa. Charlie Watts, com seu sorriso irônico, era o terapeuta.

★

"Sex Drive" simbolizava o espírito adolescente que Mick Jagger ainda possuía. Mesmo após o casamento, ele não deixou de trair Jerry Hall.

Mick foi visto com a socialite nova-iorquina Gwen Rivers, e os encontros foram devidamente registrados nos tabloides. O cantor dos Stones também se envolveu com a cantora Nadine Expert. Até a modelo Lisa Barbuscia, que apareceu no clipe de "Sex Drive", não passou despercebida por Mick Jagger. No entanto, um caso com uma italiana iria ofuscar todos os outros, já que Jerry costumava brincar e dizer que Mick, apesar de desgarrado, sempre voltaria aos braços dela.

> Boyd casou-se com George Harrison em 21 de janeiro de 1966. Ela conheceu o beatle, que escreveu "Something" em sua homenagem, no começo da carreira de modelo. Pattie conheceu Eric Clapton no final dos anos 1960. O músico namorava Paula Boyd, irmã de Pattie, mas a modelo descobriu através da música "Layla" que Clapton estava apenas usando sua irmã. Clapton então se casou com Pattie Boyd em 1979, mas eles se divorciaram em 1986. O filho do casal, Connor Clapton, morreu acidentalmente aos quatro anos, ao cair de uma janela em Nova York. Eric Clapton escreveu "Tears in Heaven" em homenagem ao menino.

Na Europa, a turnê de *Steel Wheels* foi chamada de *Urban Jungle*, representando a selva particular de Mick Jagger. A então namorada de Eric Clapton foi visitar o camarim dos Rolling Stones em Wembley. Seu nome? Carla Bruni. Ao encontrar Mick e conhecendo seus hábitos, Clapton o puxou para uma conversa particular. "Esta não, por favor, Mick. Acho que estou apaixonado", disse o guitarrista. Anos antes, Mick Jagger tinha quase arruinado o casamento de Eric Clapton com Pattie Boyd, a mulher que ele havia roubado de George Harrison.

Carla Bruni era herdeira da fortuna da empresa de pneus italianos SEAT, mas foi criada na França. Era uma supermodelo, assim como Jerry Hall, com um currículo de namorados famosos. Antes de Clapton, ela havia namorado o príncipe Dimitri da Iugoslávia.

Depois da visita ao camarim de Mick Jagger, a modelo decidiu tornar-se amante do vocalista, o que enfureceu Jerry.

Carla, além de ter esse perfil agressivo de conquistar os homens que queria, tinha pretensões de começar uma carreira musical como cantora e violonista. Apesar de namorar Eric Clapton, ela chamaria mais atenção se se relacionasse com Mick, um músico muito mais reconhecido internacionalmente.

Jerry Hall não se incomodou apenas com a traição, mas tinha medo das doenças da época. No final dos anos 1980, foi descoberto que o HIV, o vírus da Aids, não infectava exclusivamente os homossexuais, podendo facilmente se proliferar por meio de homens promíscuos como Mick Jagger.

Apesar disso, o cantor e sua esposa foram vistos almoçando juntos em Barbados. Um cliente encontrou um pedaço de papel na mesa em que o casal estava, com a seguinte mensagem de Jerry para Mick: "Eu quero que você tenha a sua liberdade". Sobre isso, Philip Norman afirmou: "Lia-se, em parte, 'e eu não me importo se você transar com outras garotas'. Pouco tempo depois, Jerry engravidaria pela terceira vez".

Georgia May Ayeesha Jagger nasceu no dia 12 de janeiro de 1992, enquanto a traição de Mick com Carla Bruni continuava chamando a atenção da mídia. Dessa vez, a pulada de cerca resultou em um telefonema de Jerry Hall para Carla, mandando a italiana deixar o homem dela em paz. Jerry também começou a utilizar a imprensa para divulgar mensagens de que estava bem e feliz com o marido e os filhos. Utilizou a revista *Hello!* para registrar fotograficamente sua vida privada com as crianças de Mick Jagger. No entanto, essa felicidade momentânea não durou muito e Jerry Hall quase pediu o divórcio.

Até que Carla Bruni passou a se envolver com o magnata Donald Trump e deixou de lado o rockstar. Em 2003, a ex-modelo italiana começou sua carreira musical, lançando o disco *Quelqu'un m'a dit*. Ela se revelou um talento da música francesa.

Carla conheceu o então presidente da França Nicolas Sarkozy em 2007, durante um jantar. Eles casaram-se no dia 2 de fevereiro de 2008. Político conservador, Sarkozy foi derrotado nas eleições de 2012, dando espaço ao esquerdista François Hollande.

Alguns biógrafos não oficiais de Carla Bruni dizem que ela era uma espécie de "Don Juan feminino", que gostava mais da conquista do que dos relacionamentos.

★

Mick Jagger não deixou de investir em sua carreira solo, mesmo com o público preferindo os Rolling Stones. *Wandering Spirit* foi gravado entre fevereiro e setembro de 1992, e foi lançado no dia 8 de fevereiro de 1993, com selo da Atlantic. Rick Rubin, o homem que revelou bandas como Black Sabbath, Red Hot Chili Peppers e Slayer, produziu o material junto com o próprio Mick Jagger.

O cantor chamou poucas estrelas do pop para contribuir com o trabalho, tornando-o mais discreto. O baixista Flea, do Red Hot Chili Peppers, o cantor Lenny Kravitz e o saxofonista de jazz Billy Preston ajudaram Mick a fazer um som com algumas características do country, do soul e também do gospel, que era uma das fórmulas de sucesso na época. Kravitz gravou sua voz em "Use Me".

Ao contrário de *Primitive Cool*, *Wandering Spirit* foi um sucesso comercial, alcançando o 12º lugar das paradas do Reino Unido e a 11ª posição das paradas norte-americanas.

No mesmo ano, Keith Richards gravou *Main Offender*, lançado no dia 19 de outubro. Keith tocou com sua banda própria, os The X-Pensive Winos, e o principal compositor do material foi Steve Jordan. O guitarrista chegou a fazer uma turnê, mas sem prejudicar a relação com Mick Jagger ou com os Rolling Stones. O segundo trabalho solo de Keith Richards não fez tanto sucesso, ficando na 45ª posição no Reino Unido e só na 99ª colocação na Billboard. Pelo menos uma música do material, "Wicked as It Seems", serviu de inspiração para uma nova música dos Rolling Stones, "Love Is Strong".

★

Mesmo com a nova fase no relacionamento entre Mick Jagger e Keith Richards, foi necessária outra reunião em Barbados, no Caribe, para acertar detalhes sobre o próximo álbum do grupo sem gerar novas brigas. *Voodoo Lounge* começou a ser gravado em setembro de 1993, momento do auge das bandas grunge como Nirvana, Soundgarden e Alice in Chains. A MTV estava em evidência, e os Rolling Stones pareciam se adaptar a esse novo período com grandes apresentações em estádios, o que os colocava no topo das produções internacionais.

A primeira série de gravações do novo material ocorreu entre 3 de novembro e 11 de dezembro daquele ano. O trabalho foi retomado a partir do dia 15 de janeiro, sendo finalizado no dia 23 de abril de 1994. As gravações começaram na casa de Ronnie Wood, na Irlanda, e depois foram transferidas para o Windmill Lane Studios, em Dublin. O lançamento ocorreu no dia 11 de julho de 1994. A produção teve apoio de Don Was, com a dupla Jagger/Richards coordenando a banda. O disco saiu pelo selo Virgin.

Keith Richards afirmou que o nome *Voodoo* nasceu por causa de um animal que ele encontrou em Barbados. Foi em um dia de chuva que o guitarrista encontrou um gatinho saindo de um cano de esgoto, e depois mordeu a mão de Keith. Apesar de ter tentado colocar o animal novamente no cano, o gatinho ficou e pediu ajuda ao guitarrista, que decidiu cuidar dele. "Nós o chamamos de Voodoo porque estávamos em Barbados, e a sobrevivência dele desafiava as estatísticas — ele devia ser um amuleto de sorte. E esse gatinho me seguia o tempo todo. Então o gato se tornou Voodoo e o terraço da

> Esse estúdio era utilizado para gravação de música tradicional irlandesa até a ascensão do U2. O grupo de Bono Vox atraiu uma geração de roqueiros querendo aproveitar os benefícios do Windmill Lane, como a banda Thin Lizzy.

casa virou *Voodoo's Lounge*. Eu escrevi isso em vários cartazes e os coloquei em volta do perímetro do pátio. O gatinho estava sempre no meu ombro ou perto de mim", explicou o guitarrista.

O disco com nome inspirado no felino chegaria ao topo das paradas britânicas e australianas na mesma época do suicídio de Kurt Cobain, vocalista do Nirvana. *Voodoo Lounge* chegou ao segundo lugar no ranking dos Estados Unidos, elaborado pela Billboard, e nas listas francesas. O álbum foi um sucesso, com singles como "Love Is Strong" e "You Got Me Rocking". Nos Estados Unidos, o material ganharia disco duplo de platina. Na França, disco duplo de ouro. Já no Reino Unido e na Alemanha, um disco de ouro e um de platina, respectivamente.

O disco foi um dos poucos materiais que os Stones produziram nos anos 1990. O segundo disco e o último da década foi *Bridges to Babylon*. Mesmo com pouco material de estúdio, a banda estava cada vez mais à vontade ao vivo, conquistando audiências grandiosas em estádios e arenas. Apesar das confusões do passado, Mick Jagger estava mais determinado em relação às diretrizes dos trabalhos.

★

Com apenas 42 anos, Tony Blair se tornou o primeiro-ministro mais jovem do Reino Unido, em 1997. Em meados dos anos 1970, Blair tinha tocado guitarra em uma banda de estudantes. Ele era o político que representava a novidade dentro do Partido Trabalhista Britânico, uma renovação para a sigla e um choque para seus principais adversários do Partido Conservador. Tony Blair é de uma geração que cresceu curtindo e testemunhando o sucesso de "Brown Sugar".

A ascensão de Blair foi coroada pelo retorno da rivalidade entre bandas que cresceram ouvindo os Beatles e os Rolling Stones. No Reino Unido, o som dos admirados sulistas do Blur contrastava e rivalizava com o feito pelos rudes rapazes do Oasis, provenientes do norte da Inglaterra.

O que ninguém sabia é que Tony Blair, com seu jeito progressista, seria o premiê que envolveria o país na Guerra do Iraque, uma empreitada de George W. Bush contra o terrorismo, para se vingar dos atentados do dia 11 de setembro de 2001. A partir de 2003, Blair enviaria tropas britânicas em uma guerra de ocupação que geraria bilhões de libras de prejuízo, afetando a economia do Reino Unido antes da crise de 2008.

> A crise foi ocasionada pela desvalorização imobiliária nos Estados Unidos e pela crescente recessão da Grécia, que afetou outros países europeus. Com a União Europeia e o aumento da integração entre as nações do continente, o Reino Unido não ficou de fora das oscilações financeiras do período. A crise dura até os dias atuais.

Em 1997, Mick Jagger estava com 54 anos, mas ainda agia como se fosse a mesma estrela de 1965, jovem e com disposição de sobra. Em 1994, o diretor Quentin Tarantino havia lançado o filme *Pulp Fiction*, com Samuel L. Jackson e John Travolta. Travolta estava decadente depois da morte da música disco, mas ganhou os holofotes novamente impulsionado pelo filme. Uma Thurman, a musa de Tarantino, foi vista aos beijos com Mick Jagger em um clube de Los Angeles chamado The Viper Room. Mick também foi visto com uma modelo tcheca chamada Jana Rajlich, de 26 anos, e teria dormido com uma britânica chamada Nicole Kruk, de 22, que afirmou ter transado com ele no Japão. Todas tinham idade para serem suas filhas.

E Mick Jagger continuava casado com Jerry Hall, apesar das traições constantes.

Mick e Keith compuseram músicas no verão de 1996, preparando-se para o novo disco, *Bridges to Babylon*, pelo selo Virgin. A produção ia ficar novamente por conta de Don Was, mas os The Glimmer Twins decidiram incluir Rob Fraboni, Danny Saber, Pierre de Beauport e os Dust Brothers.

Bridges to Babylon, de acordo com Keith Richards, foi um trabalho com grande influência de Mick Jagger para que a banda se envolvesse mais com o universo pop do momento, com a música de rua, com o rap e com o hip-hop. O material foi incrementado com sons artificiais produzidos pela bateria de Charlie Watts.

"Dessa vez Mick tinha tido uma ideia que à primeira vista não parecia má: ele tinha contratado diversos produtores para trabalhar com Don em faixas diferentes. Mas quando cheguei a Los Angeles para as gravações, descobri que ele simplesmente chamou quem ele quis sem consultar ninguém", desabafou Keith, sobre a síndrome de controle do cantor "Mesmo com tudo isso, eu gosto de *Bridges to Babylon*; o álbum tem algumas músicas bem interessantes. Eu gosto de 'Thief in the Night', 'You Don't Have to Mean It' e 'Flip the Switch'."

A gravação ocorreu entre os meses de março e julho de 1997. "Anybody Seen My Baby?", além de ser um single grudento, foi a música escolhida para representar as composições de *Bridges to Babylon*. Com jeito de hip-hop, a letra da composição fala sobre uma stripper que chamou a atenção de Mick Jagger e que foi perseguida por ele na chuva, no meio do trânsito de Nova York. Os Stones decidiram fazer um videoclipe para essa música.

Mick queria a jovem Angelina Jolie, de 22 anos, na época casada com o ator britânico Johnny Lee Miller, e filha do icônico ator Jon Voight. A princípio, a atriz recusou o convite porque tinha propostas melhores, mas foi obrigada a fazer o videoclipe já que sua mãe, Marcheline Bertrand, era admiradora dos Stones desde os anos 1970.

> Voight atuou em *Perdidos na Noite* (1969) e também no filme *Missão Impossível* (1996), dirigidos por Brian De Palma.

No clipe, Angelina tirava uma peruca loira e andava apenas de lingerie pelo cenário. Isso foi o suficiente para fazer Mick Jagger esquecer Uma Thurman e suas outras amantes. Mas, ao contrário dos casos anteriores, desta vez foi Mick quem ficou perdidamente apaixonado pela mulher, enquanto ela fugia de suas investidas. O Stone não levava em conta que ele era cinco anos mais velho do que o pai da atriz. Mesmo assim, o relacionamento durou dois anos, sem que Jerry Hall soubesse, por intervenção da mãe de Angelina, que vivia sua fantasia particular com Mick Jagger.

O disco ficou em 10º lugar nas paradas japonesas e neozelandesas, na 12ª posição nas paradas húngaras e em primeiro lugar nas paradas da Áustria, da Noruega, da Suécia e da Alemanha. *Bridges to*

Babylon alcançou o segundo lugar na Holanda, no Canadá, na Bélgica e na França. No Reino Unido, o disco ficou na sexta posição, e nos Estados Unidos, na terceira.

Bridges to Babylon foi lançado no dia 29 de setembro de 1997, e no dia 23 de outubro os Rolling Stones já caíram na estrada, iniciando a turnê do disco, que durou dois anos e teve inúmeros músicos convidados, como o saxofonista Bobby Keys e três vocalistas de apoio. A música que abria quase todos os shows dessa turnê era "Satisfaction", o single dos Stones que, com o passar do tempo, ganhava ainda mais impacto e significado.

Havia ainda uma nova forma de interatividade na turnê de *Bridges*: os espectadores de alguns shows poderiam escolher parte do setlist por meio de votação na internet. Os Rolling Stones tocaram para 4,5 milhões de pessoas na América do Norte, Japão, América do Sul e Europa. A renda bruta alcançou 390 milhões de dólares. No dia 11 de abril de 1998, o grupo tocou na Praça da Apoteose, no Rio de Janeiro. Em nosso país, "Like a Rolling Stone" foi a música ganhadora da votação. Foi nesse concerto que o próprio Bob Dylan subiu ao palco para prestigiar a banda que estava chegando quase aos trinta anos de carreira.

★

Gabriel Luke Beauregard Jagger nasceu no dia 9 de dezembro de 1997, sem a presença do pai. Mick Jagger estava ocupado perseguindo Angelina Jolie e se apresentando na turnê mundial que colocou os Rolling Stones em evidência novamente, transformando-os em uma fábrica de entretenimento. O menino era o sexto filho do roqueiro, e o segundo do sexo masculino.

Jerry Hall passou toda a gravidez sozinha, já que Mick estava gravando *Bridges to Babylon*. A segunda esposa de Mick Jagger se sentia "negligenciada, gorda e mal-amada", de acordo com o biógrafo

Philip Norman. Jerry decidiu então posar nua, aos oito meses de gravidez, para um quadro de Lucian Freud, neto de Sigmund Freud, o pai da psicanálise.

Assim como Mick Jagger, Lucian também tinha fama de mulherengo, mas soube tratar Jerry como ela queria naquele momento de carência. A pintura ficou pronta no dia do nascimento de Gabriel. O pintor, apaixonado pela mulher do roqueiro, viu a criança antes mesmo de Mick, que só foi visitar o filho uma semana depois.

Já com 74 anos, o neto de Freud tentou fazer um segundo retrato de Jerry Hall, que terminou em desastre. O quadro deveria ser uma pintura dela amamentando o bebê, mas um surto de gripe o fez cancelar três sessões seguidas. Depois, o pintor acabou estragando o quadro, desenhando um de seus assistentes no lugar de Jerry. Ela ficou devastada.

Seu casamento acabaria em pouco tempo. Na época da apresentação de *Bridges to Babylon* no Brasil, o cantor se envolveu com a modelo Luciana Gimenez, que tinha 29 anos na época. Angelina Jolie havia rejeitado o roqueiro novamente. Segundo a modelo, o caso durou oito meses, e Luciana acabou engravidando de Mick. Um advogado de Nova York entrou com um processo de paternidade em nome da brasileira, e pediu cinco milhões de libras para a criação da futura criança. Aquilo foi o fim da picada para Jerry.

Jerry Hall entrou com o pedido de divórcio por "adultério recorrente" no mês de janeiro de 1999. Chamou a advogada Sandra Davis para representá-la, porque ela tinha garantido 17 milhões de libras para a princesa Diana na época de seu divórcio com o príncipe Charles. Mick alegou que o casamento em Bali não tinha validade. Em agosto, especialistas em Direito da Indonésia deram razão a Mick Jagger na Alta Corte de Londres.

No entanto, Mick decidiu proceder de maneira diferente do que havia feito com Bianca Jagger, provavelmente com medo de que Jerry Hall publicasse uma autobiografia contando tudo o que ela sabia sobre as puladas de cerca do ex-companheiro. A anulação aconteceu então por acordo mútuo, com uma indenização de valor não revelado paga a Jerry Hall. "Supostamente um montante fixo de 4,5 milhões de libras, mais 100 mil por ano para manutenção e 25 mil libras para cada uma das crianças até a idade de 25 anos", afirma Philip Norman.

O aspecto mais estranho da separação é que, desconsiderando a fúria de Jerry no começo de 1999, eles terminaram o processo como amigos, com Mick levando as crianças em viagens e voltando a namorar a ex-mulher. Ronnie Wood chegou a fazer uma piada na frente do casal: "Vocês se dão muito melhor agora do que quando estavam casados".

Lucas Maurice Morad Jagger nasceu no dia 18 de maio de 1999 e vive com a mãe, atualmente apresentadora de televisão. Exames de DNA provaram que Mick era pai do menino, e ele quis repartir a pensão que já havia concedido a seus outros filhos. O cantor também colocou Lucas para estudar no Eton College, no Reino Unido. Mesmo sem ter qualquer relação com Luciana nos dias de hoje, Mick Jagger tenta estar presente na vida de seu terceiro filho homem.

★

Esses fatos desagradaram Keith, porque significavam um retorno ao estereótipo de celebridade que ele não gostaria que Mick fosse. Mas, em março de 2000, Mick Jagger foi até Dartford para ser reconhecido por uma das escolas da região. O cantor criou o Mick Jagger Arts Centre na Dartford Grammar School. O complexo custou 2,25 milhões de libras, que foram pagos com uma doação de 1,7 milhões de libras da Loteria Nacional e de verba do próprio Stone.

Dois meses após essa solenidade, Eva Jagger morreu de insuficiência cardíaca no Parkside Hospital, em Wimbledon. A mãe de Mick morreu aos 87 anos, pouco tempo depois de ficar doente. O falecimento ocorreu poucos meses antes das bodas de diamante com Joe Jagger, quando completariam sessenta anos de casamento.

Apesar de ela ter sido contra o ingresso de Mick na carreira musical, ele foi o único filho a ter sucesso social pleno, apesar da vida desregrada e repleta de amantes. Chris Jagger, o mais novo, tentou gravar dois discos nas décadas de 1970 e 1990, sem muito sucesso. Foi também ator, garçom, decorador, jornalista, radialista e fornecedor de árvores de Natal. Acabou se tornando professor como o pai, Joe, mas ainda toca com bandas amadoras de blues e cajun, raramente para um público superior a doze pessoas. Enquanto isso, o irmão mais velho, Mick, segue lotando estádios até hoje.

Joe Jagger ficou com a companhia de seus filhos e de seus inúmeros netos. Ginasta e professor, sua saúde foi aos poucos ficando frágil. Faleceu no dia 11 de novembro de 2006, seis anos depois de sua amada Eva.

"Não muito depois da inauguração do Mick Jagger Centre, ele me ligou dizendo: 'Eu preciso dizer uma coisa: Tony Blair está insistindo para que eu aceite ser ordenado cavaleiro'. 'Você pode recusar se quiser, cara', foi a minha resposta", desabafou Keith em sua autobiografia, já começando a ficar descontente com as honrarias que o amigo estava recebendo. Quando Mick aceitou se tornar cavaleiro da Coroa Britânica, Keith Richards achou que ele tinha ido longe demais. "Eu não conseguia entender por que Mick faria uma coisa dessas; isso destruiria sua credibilidade. Liguei para Charlie e disse: 'Que porra é essa de Mick ser ordenado cavaleiro?'. Ele respondeu: 'Você não sabia que ele sempre quis ser um?'. Eu disse não. Isso nunca tinha me passado pela cabeça. Será que não tinha conseguido entender meu amigo? O Mick com quem eu cresci é um cara que teria dito: 'Enfie todas as suas honras no rabo. Muito obrigado, mas não, obrigado'. Aceitar isso seria se rebaixar", disse o guitarrista de maneira enfática em seu livro.

Mick Jagger, Keith Richards, Charlie Watts, Bill Wyman e Brian Jones, em 1967.

Aos olhos de Keith, Mick realmente havia se rebaixado. No dia 12 de dezembro de 2003, Mick Jagger foi nomeado *sir*, título de honra da monarquia do Reino Unido, pelo príncipe Charles.

"Quanto a mim, eu jamais serei o lord Richards, mas sim o rei Richard IV", comentou Keith Richards em público, tirando sarro de Mick Jagger. Quando o apresentador Robin Denselow, do programa *Newsnight*, da BBC2, disse que o guitarrista dos Stones não estava feliz com a decisão do cantor de ser sagrado cavaleiro, Mick Jagger deu uma resposta orgulhosa e mal-educada: "Ele não é uma pessoa feliz".

Antes do novo milênio, Mick Jagger resolveu diversificar seus negócios, assim como David Bowie havia criado a BowieNet na época da "bolha ponto-com". Em 1995, ele fundou a Jagged Films, responsável pelo drama *Enigma*, de 2001, baseado na Segunda Guerra Mundial. No mesmo ano, Mick também compôs seu quarto disco solo, *Goddess in the Doorway*, sem deixar de lado os Rolling Stones. O álbum teve a participação de diversos músicos, incluindo Lenny Kravitz, mas não conseguiu chegar ao top 10 das paradas em nenhum país, ficando apenas com o 20º lugar nas paradas polonesas, a 44ª posição no Reino Unido e a 39ª posição na Billboard, nos Estados Unidos. Alguns registros da gravação do disco apareceram em um documentário chamado *Being Mick*, um dos registros mais atuais sobre o cantor.

Com o atentado às Torres Gêmeas de Nova York, em 11 de setembro de 2001, os Rolling Stones foram chamados por Paul McCartney para homenagear as famílias vítimas da fatalidade no Madison Square Garden. A contribuição de Mick e Keith foram as músicas "Miss You" e "Salt of the Earth". A interpretação das duas músicas, na opinião dos Glimmer Twins, foi como um hino nos moldes de John Lennon, que conseguiu fazer música engajada até sua morte, em 1980.

No dia 12 de julho de 2002, os Rolling Stones completaram quarenta anos de atividades juntos no Marquee Soho Club. No mes-

---

A "bolha ponto-com" aconteceu com as empresas focadas apenas em serviços na internet que surgiram no final dos anos 1990. Elas receberam um investimento além do que poderiam produzir. Essa entrada de dinheiro criou uma bolha em 2001, provocando uma diminuição de fluxo financeiro para a web.

O documentário *Being Mick* foi ao ar em 2001. Parte das gravações foram feitas pelo próprio cantor dos Rolling Stones, em carreira solo. O material foi criado durante a gravação do disco *Goddess in the Doorway*, com participações ilustres de Bono Vox, Lenny Kravitz, Elton John, Keith Richards, Ron Wood e Bill Wyman.

Keith Richards e Mick Jagger tocam em homenagem às vítimas dos atentados de 11 de setembro, em 2001.

mo local, Mick Jagger havia feito uma apresentação de suéter listrado, proclamado como o "vocalista de R&B", segundo o biógrafo Philip Norman. A verdade é que, após tanto tempo, a banda tinha evoluído de intérpretes de blues para autores originais de rock. Depois das músicas próprias, vieram os progressos e as crises que transformaram os Stones em uma indústria de sucessos.

Além do concerto, os Stones iniciaram uma turnê batizada de *Licks*, patrocinada pela empresa E-Trade. Durante os shows, o grupo de Mick Jagger enfrentou problemas com a proliferação mundial da SARS (Síndrome Respiratória Aguda Grave), que chegou a causar o isolamento de uma série de ensaios da banda em Toronto, no Canadá. Por conta desses problemas, o grupo fez apresentações para arrecadar fundos para entidades responsáveis pelo combate a essa síndrome.

Solomon Burke, uma lenda do blues que inspirou os Stones, participou de um dos shows dessa turnê, no Teatro Wiltern, em Los Angeles. A música "Everybody Needs Somebody to Love" é de Burke, e os Rolling Stones costumavam tocá-la para abrir os concertos. O *bluesman* então surpreendeu Mick Jagger, colocando um manto que costumava utilizar em suas apresentações. Solomon Burke estava com 180 quilos, com dificuldades para se locomover, mas não teve nenhum problema em reconhecer Mick como o novo ícone do blues nos palcos.

> Nascido na Filadelfia, em 21 de março de 1940. Tornou-se um músico influente no blues e na música gospel, sendo conhecido por inúmeros apelidos, como "the king of rock'n'soul", "the bishop of soul", "king Solomon", "the wonder boy Preacher" e "lord Solomon". Ele faleceu no dia 10 de outubro de 2010, aos setenta anos.

★

"Apesar de tudo isso, talvez pelo efeito da condecoração, o ano seguinte, 2004, foi o melhor ano que passei com Mick em Deus sabe quanto tempo. Ele estava muito mais solto, não sei bem por quê. Talvez ele tenha apenas amadurecido e chegado à conclusão de que nossa amizade era tudo o que tínhamos realmente", explicou Keith Richards em suas memórias. O ano foi a preparação para o último álbum que os Rolling Stones gravariam em estúdio até hoje.

Em junho de 2004, Charlie Watts foi diagnosticado com câncer na garganta, mesmo tendo abandonado o cigarro cerca de vinte anos antes. Embora ele tenha dado um soco no rosto de Mick em meados da década de 1980, Charlie era muito querido por todos e sua doença assustou os mais próximos. Além de tudo, Charlie também era a pessoa com mais paciência para aturar Mick.

"Mick disse: 'Cara, o Charlie está com câncer'. Houve um silêncio tenso, como se disséssemos 'E agora?'. Foi um tremendo choque para mim. Mick na verdade estava me perguntando se deveríamos dar um tempo no trabalho e esperar para ver o que acontecia com Charlie. Depois de pensar um pouco, eu disse: 'Não, vamos começar'. Estávamos apenas compondo as músicas, então ainda não precisávamos de Charlie", explicou Keith, sobre o período que deu origem ao trabalho *A Bigger Bang*.

Charlie fez radioterapia e o câncer desapareceu, liberando o baterista para tocar com seus amigos novamente.

Antes de engatar outro trabalho com os Stones, Mick Jagger produziu a trilha-sonora do filme *Alfie*, protagonizado pelo ator Jude Law. O filme era uma regravação do original de 1966. O lançamento da trilha ocorreu no dia 18 de outubro de 2004.

Com uma sonoridade parecida com *Some Girls*, de 1978, no auge do estilo punk, *A Bigger Bang* foi gravado em apenas uma série de gravações, entre setembro de 2004 e junho de 2005.

Charlie, Mick e Keith estavam sincronizados e fizeram o trabalho inteiro juntos, como se a trajetória toda da banda pesasse nos ombros dos três, sem falar da amizade que os mantinha unidos. Ronnie Wood ficou ausente em algumas gravações porque estava ocupado criando sua própria gravadora, a Wooden Records. O segundo guitarrista dos Stones adquiriu experiência com produção musical após emprestar sua casa na Irlanda diversas vezes para que Mick e Keith criassem suas próprias composições. A capa de *A Bigger Bang* tem um conceito interessante e muito simples. Ela mostra os Rolling

Stones ao redor de uma luz branca que os ilumina, simbolizando o nascimento de algo novo. A luz, na verdade, era a amizade de todos eles, que se renovava mesmo após as brigas que quase acabaram com a banda. As carreiras individuais de Keith e Mick nasceram como provocações que quase minaram o esforço criativo do império que os Stones construíram na indústria de entretenimento. Era preciso reforçar a união do grupo. A própria doença de Charlie Watts foi uma forma de deixar as diferenças de lado.

A Bigger Bang foi lançado no dia 5 de setembro de 2005 e daria origem à turnê mais lucrativa da história dos Rolling Stones e uma das mais rentáveis do mundo. Don Was foi novamente o produtor responsável, embora Matt Clifford tenha trabalhado na faixa cinco, "Streets of Love". O álbum contém dezesseis músicas e foi lançado pelo selo Virgin.

Graças à divulgação do disco, ele ficou no topo das paradas de nove países: Áustria, Canadá, Dinamarca, Holanda, Alemanha, Grécia, Itália, Suécia e Suíça. O álbum ainda ficou em primeiro lugar no ranking geral da Europa, de acordo com a revista *Billboard*. O segundo lugar foi conquistado na Espanha, na Polônia, na Noruega, na Nova Zelândia e no Reino Unido. O disco ficou na terceira posição na Bélgica e nos Estados Unidos. A quarta posição foi conquistada na Finlândia e na Austrália. Em Portugal, *A Bigger Bang* ficou em quinto lugar, na Hungria, em décimo, e na Irlanda, na 18ª posição.

O disco foi um fenômeno. Cerca de 40 mil cópias foram vendidas só na Argentina, o que conferiu ao álbum o disco de platina. A Associação de Gravadoras dos Estados Unidos (RIAA) também certificou o trabalho dos Stones com um disco de platina por ter atingido um milhão de unidades vendidas.

A revista *Rolling Stone* deu quatro estrelas e meia, em uma escala de cinco, para o disco. O crítico Alan Light afirmou que o trabalho se parecia com álbuns pouco ouvidos, como *Dirty Work* (1986) e *Emotional Rescue* (1980), soando cru e consistente. "Mick e Keith

Bob Dylan e Mick Jagger (com Bruce Springsteen, John Fogerty e Arlo Guthrie no fundo), em 1990.

sempre disseram que queriam envelhecer como os *bluesmen* que eles idolatravam. E em *A Bigger Bang* eles finalmente mostraram como fazer isso: um álbum com a vertente clássica do boogie e do R&B de Chuck Berry, que sempre foram a força vital da dupla", escreveu o jornalista. O sucesso foi tão grande que a Universal relançou *A Bigger Bang* em 2009.

A turnê do disco começou em 2005. Em janeiro de 2006, os Rolling Stones tocaram na final do Super Bowl, o maior campeonato de futebol americano e um dos picos de audiência na televisão dos Estados Unidos. Mas o melhor seria a série de shows que ainda estava por vir.

★

Um dos maiores concertos da história aconteceu no Brasil no dia 18 de fevereiro de 2006, e teve como protagonista os Rolling Stones. Foi um show gratuito na praia de Copacabana, no Rio de Janeiro, com transmissão ao vivo da rede Globo. A apresentação ocorreu sem grandes problemas, apesar de um parto que quase teve que ser feito às pressas no meio do show.

De acordo com o portal brasileiro Terra, com informações do jornal *O Dia*, Cristina Cunha da Silva, de dezenove anos, por pouco não chegou a dar à luz na areia de Copacabana, enquanto Mick Jagger cantava no palco. Ela foi socorrida por bombeiros e levada ao hospital. A ausência de incidentes sérios tirou o fantasma de Altamont, o concerto que ocorreu em 1969, onde Meredith Hunter foi morto por um integrante da gangue Hell's Angels.

Em Copacabana, os Rolling Stones cantaram e tocaram para cerca de 1,5 milhão de pessoas, três vezes mais que o público do festival Woodstock original, em 1969, e a transmissão ao vivo popularizou a banda para todas as gerações do país. Tanto as pessoas que viveram os anos 1960 como aquelas que só conheceram os Rolling Stones na fase de show business conferiram aquele concerto no Brasil.

"Nós fomos para a praia de Copacabana tocar no concerto gratuito pago pelo governo brasileiro. Eles construíram uma ponte sobre a avenida Atlântica, que ligava o nosso hotel diretamente ao palco na praia, só para que pudéssemos chegar até lá facilmente. Quando vi o vídeo daquele show, percebi que estava muito concentrado, concentrado pra caralho. Eu estava emburrado mesmo! Isso porque era o som que tinha que ficar bom. O resto não interessava", disse Keith Richards, em seu livro. O comportamento do guitarrista foi muito parecido com o de Mick Jagger, que transitava pelo palco gigante chamando o público e aproveitando todas as câmeras que projetavam seu rosto nos telões.

No Rio de Janeiro, Mick Jagger parecia estar em um videoclipe, interpretando um roqueiro que conseguia driblar a idade e atrair uma multidão que ia além da costa da praia, lotando a cidade.

★

Mick era muito próximo de John Lennon, assim como Keith Richards. Os dois também conheciam bem George Harrison e seus amigos em comum, como Ringo Starr e Eric Clapton. Mas um dos Beatles era uma incógnita para eles.

Keith conversou com Paul em janeiro de 2005, pouco antes do lançamento de *A Bigger Bang*. O beatle estava se divorciando de Heather Mills, em um processo que estava desgastando sua saúde e sua imagem pública. "Eu nunca tinha tido a oportunidade de conhecê-lo muito bem antes. John e eu tínhamos sido bem próximos, assim como George e Ringo, mas Paul e eu nunca tínhamos passado muito tempo juntos. Nós ficamos muito felizes com essa oportunidade. Nós nos entrosamos instantaneamente, conversando sobre o passado, sobre o processo de composição. Conversamos sobre coisas estranhamente simples, como a diferença entre os Beatles e os Stones, sobre como os Beatles eram uma banda mais vocal, já que podiam se revezar como vocalistas principais, enquanto os Stones eram mais uma banda de instrumentistas, já que tínhamos apenas um vocalista principal. Ele me contou como, pelo fato dele ser canhoto, ele e John podiam tocar guitarra como espelhos, virados um para o outro e observando as mãos um do outro. Nós chegamos até a começar a compor uma música juntos, um número de autoria de McCartney/Richards", disse Keith, sobre um papo entrosado com o músico da banda rival dos anos 1960.

O guitarrista estava certo quando disse a Paul McCartney que os Stones eram uma banda de instrumentistas. Isso aconteceu, em parte, porque o blues os forçava a se tornarem intérpretes ousados. O outro motivo pelo qual os Rolling Stones são tão diferentes dos Beatles é o ego de Mick Jagger. Ele não tomou para si apenas a tarefa de ser o vocalista da banda, mas se tornou um verdadeiro comandante do grupo. Seu único contraponto era Keith Richards, ao longo de tantos anos juntos. Keith só assumia alguma autoridade quando estava totalmente revoltado com a conduta de Mick. Isso transformou o relacionamento dos dois em uma obsessão constante pelo controle e pelo poder dentro dos Stones.

★

O Brasil não foi o único destino com grande público para os Stones. A banda também tocou na China. Um show que aconteceria na região do governo socialista em 2003, na turnê *Licks*, foi cancelado pelo surto de SARS. Por imposição governamental, "Brown Sugar", "Honky Tonk Women" e "Beast of Burden" foram proibidas pelo conteúdo sexual, mas, na verdade, muitas mensagens nessas músicas eram ameaças ao regime de esquerda, e não continham muitos apelos ao sexo.

A Bigger Bang se tornou, em 2007, a turnê mais rentável da história. Foram arrecadados 558 milhões de dólares, a maior bilheteria internacional, com três diferentes patrocinadores: a grife de roupas masculinas Tommy Hilfiger, a empresa de telecomunicações Sprint e a de óleo Castrol. Os Stones não encheram apenas estádios e a praia de Copacabana, mas intercalaram shows em clubes menores, com clima intimista, para não arriscar perder o fôlego em uma viagem de dois anos.

O resultado surpreendeu na época porque, após o fechamento e o processo contra sites como o Napster, o compartilhamento de músicas e os downloads ilegais estavam corroendo os lucros da indústria de entretenimento. Nem bandas novas como Foo Fighters e Kaiser Chiefs conseguiram bater os Stones, assim como a reunião de bandas clássicas como o Pink Floyd e os The Monkees não foram sequer comparáveis ao lucro exorbitante do grupo de Mick Jagger.

★

Mas *A Bigger Bang* não trouxe só alegrias, porque Keith Richards sofreu um acidente nas ilhas Fiji, enquanto estava com sua esposa Patti e Ronnie Wood. Keith subiu em uma palmeira e estava deixando o corpo secar enquanto as mulheres faziam o almoço. Para descer, ele pretendia se segurar num galho e deixar o corpo escorregar, mas a areia nas mãos o fez cair e bater a cabeça no galho. A pancada provocou uma dor de cabeça forte e uma fratura no crânio, como revelaram os exames em um hospital na Nova Zelândia. Se ele não tivesse sido socorrido, poderia ter morrido.

O guitarrista deveria ter parado por seis meses, mas voltou aos palcos após seis semanas. O incidente em Fiji aconteceu em abril de 2006.

Keith ainda teve disposição para participar do filme *Piratas do Caribe: no fim do mundo*, lançado em 25 de maio de 2007. O convite para o longa foi feito pelo ator Johnny Depp, que copiava os trejeitos do guitarrista em seu personagem e herói Jack Sparrow. Keith Richards interpretou o capitão Teague, pai de Jack.

O Napster foi um site criado por Shawn Fanning e Sean Parker em 1999. Ficou popular ao oferecer um vasto arquivo de MP3 para download ilegal, e por antecipar lançamentos de artistas como Madonna e a banda Metallica. O site foi processado e acabou em 2002.

Depois de anos de processos, o baixista Roger Waters fez as pazes com o guitarrista David Gilmour e realizou uma reunião com a formação original do Pink Floyd no Live 8, em 2005. Foi a última performance do grupo com Richard Wright, que morreu em decorrência de um câncer em 2008. A renião também contou com a presença do baterista Nick Manson.

Ahmet Ertegun, o velho chefe da Atlantic, a antiga gravadora dos Rolling Stones, tragicamente sofreria um acidente parecido com o de Keith. Ele caiu e ficou inconsciente em uma área de recepção nos bastidores. A tragédia aconteceu durante as gravações do documentário *Shine a Light*, dirigido por Martin Scorsese. Ertegun nunca recuperou a consciência, e morreu aos 83 anos, algumas semanas depois. Mais ou menos na mesma época, o pai de Mick Jagger, Joe, morreu de pneumonia, aos 93 anos.

Mick recebeu a notícia da morte do pai quando os Rolling Stones estavam prestes a fazer um show com ingressos esgotados no MGM Grand Hotel, em Las Vegas, nos Estados Unidos. Mick Jagger cantou, dançou e fez todas as suas performances como um verdadeiro rockstar, sem se deixar abater em nenhum segundo. Apesar da aparente frieza, Joe Jagger foi uma das poucas pessoas que Mick realmente respeitou na vida. Mesmo com a objeção inicial do pai à carreira de vocalista de uma banda de rock, o cantor foi aos poucos envolvendo-o progressivamente em sua vida pessoal. De Joe, Mick Jagger herdou o condicionamento físico de um professor de ginástica, que nunca o permitiu ficar parado em cima de um palco. Mesmo com agenda apertada, Mick sempre arrumou tempo para fazer exercícios de aquecimento nas longas turnês.

★

O documentário *Shine a Light* recebeu críticas negativas por mostrar apenas um show dos Rolling Stones, sem registrar nenhuma entrevista. Martin Scorsese defendeu com o argumento de que os Stones só precisam ser mostrados. O diretor, de uma certa forma, estava certo. O documentário só decepciona quem espera ver as histórias sobre os anos 1960, ou sobre as raízes dos Stones vindas do blues. Mas a gravação acerta ao mostrar o que a banda é hoje, de fato – com suas qualidades e seus defeitos.

A gravação ocorreu em duas noites de outubro de 2006, no Beacon Theater de Nova York. O filme começa com Scorsese brigando com os Stones e com a produção para saber qual será o repertório da noite. O diretor entra em pânico por não saber quais vão ser as músicas, porque, se alguma delas privilegia a voz e a performance, a câmera deve favorecer Mick. Se a melodia tem predominância da guitarra elétrica, o foco deve começar a partir de Keith Richards.

No filme, Mick Jagger se revela bastante controlador. Ele faz os ajustes das músicas selecionadas no avião, poucas horas antes de o espetáculo começar. Os shows foram realizados para a Bill Clinton Foundation, do ex-presidente democrata dos Estados Unidos. Mick atua como um mestre de cerimônias e cumprimenta o político, sua esposa e senadora Hillary Clinton e o ex-presidente da Polônia, Alexander Kwasniewski. Somente depois de Mick Jagger é que Keith Richards, Charlie Watts e Ronnie Wood são apresentados às autoridades.

Se Keith estava certo sobre a decepção que Mick Jagger causou ao aceitar o título de *sir*, ele próprio se rebaixou ao dar atenção e fazer um show para políticos norte-americanos. A apresentação mostra que os Rolling Stones não têm mais nada do aspecto de transgressão política e sexual que tinham nas décadas de 1960 e 1970. No entanto, Scorsese acertou justamente por mostrar a banda tal como ela é hoje em dia: um negócio lucrativo, que tem acesso ao alto escalão político.

O filme foi lançado no dia 4 de abril de 2008, um ano depois do fim da turnê *A Bigger Bang*. O título foi tirado da penúltima faixa de *Exile on Main St.*, um dos discos mais icônicos dos Stones.

★

No dia 1º de outubro de 2007, chegou ao mercado o disco *The Very Best of Mick Jagger*, com uma compilação de suas principais músicas da carreira solo e de suas famosas parcerias. "Dancing in the Street", dueto com David Bowie, está no material, assim como "Joy", música escrita em parceria com Bono Vox, do U2. A revista *Rolling Stone* publicou uma resenha muito favorável ao álbum, dando quatro estrelas e meia, de cinco possíveis. O disco, no entanto, ficou apenas na posição 77ª da Billboard e no 57º lugar das paradas britânicas.

Ainda nessa onda de compilações, em maio de 2010 foi relançado o disco *Exile on Main St.*, com dez faixas inéditas e uma edição que realmente melhorou a qualidade da voz de Mick na gravação problemática feita em Nellcôte, na França. O disco passou então a ser reconhecido como um dos melhores dos Stones, comparável ao *Sgt. Pepper's* dos Beatles.

Philip Norman disse: "O problema para recapturar a farra em Nellcôte foi que quase nada havia sido filmado. *Stones in Exile*, portanto, consistiu principalmente de fotografias em preto e branco, quase todas do jovem francês Dominique Tarle". Por esse motivo e outros, *Exile* ainda é tema de debates e de matérias jornalísticas que tentam entender como eles passaram tanto tempo em uma mansão francesa para gravar um disco, se houve de fato consumo excessivo de heroína ou se o porão de trabalho era utilizado apenas para extrair sons esquisitos.

★

Keith Richards lançou sua autobiografia, *Vida*, no dia 26 de outubro de 2010, mostrando a relação desastrosa que estabeleceu com Mick e como ela, aos poucos, está se reergendo, mesmo que existam eventuais recaídas. As revelações de Keith ganharam força com a seguinte frase, que abre o livro: "Esta é minha vida. Acredite se quiser, eu não me esqueci de nada".

Uma das coisas que Keith esclarece, além de ter trocado de sangue quando vivia na Suíça – ele teria dito isso apenas para afastar jornalistas –, é que ele não teria cheirado as cinzas de seu falecido pai, como se fosse alguma droga similar a cocaína. "A verdade é que, depois de guardar as cinzas do meu pai numa caixa preta por seis anos, e porque eu realmente não tinha coragem de espalhá-las ao vento, eu finalmente resolvi plantar um carvalho-vermelho ao redor do qual eu espalharia as cinzas. Quando destampei a caixa, um pouco das cinzas dele voaram e foram parar na mesa. Eu não podia simplesmente espanar o meu pai, então eu passei o dedo nas cinzas e cheirei o resíduo. O pó retorna ao pó, o pai retorna ao filho. Ele agora está ajudando um carvalho a crescer".

Além de explicações sobre as polêmicas divulgadas pela imprensa, que acabaram se tornarando verdadeiras lendas do rock'n'roll, Keith fala sobre a vida privada de Mick Jagger, desde os maltratos com mulheres até a forma ditatorial com que ele conduzia os Rolling Stones. A autobiografia do guitarrista, no final das contas, acabou se tornando um registro riquíssimo sobre o cantor dos Stones, justamente pelas obsessões que um desenvolveu com o outro.

Vida foi uma espécie de libertação para os fantasmas do passado de Keith, mas é possível ver em suas declarações amarguradas que atualmente é ele quem tem um sentimento de posse sobre Mick Jagger. O cantor, para não deteriorar mais o relacionamento com Keith Richards e não desestabilizar os Rolling Stones, está trabalhando por fora, tentando satisfazer suas ambições musicais particulares, sem se intrometer nos gostos dos outros integrantes.

Foi em um desses projetos individuais que Mick Jagger deu origem ao SuperHeavy, um supergrupo que se reuniu para fazer rock, pop, reggae e música indiana pop, com a participação dos músicos Damian Marley (filho mais novo de Bob Marley), Joss Stone, Dave Stewart e A. R. Rahma. Eles começaram a se reunir em Los Angeles, em 2009, e lançaram um único disco, em 16 de setembro de 2011. O projeto ficou em segredo até o lançamento e contou com apoio do empresário Paul Allen, ex-Microsoft, que forneceu um iate para o grupo. O disco recebeu quatro estrelas da revista *Rolling Stone* e mostrou Mick Jagger novamente trafegando por estilos musicais distantes daquele rock puxado para o blues purista de Keith Richards.

> Allen fundou a Microsoft em 1975 ao lado de Bill Gates, uma das pessoas mais ricas do mundo, de acordo com a revista *Forbes*, desde 2000.

Em 2012, os Rolling Stones completaram cinquenta anos de carreira, meio século de existência. Em vez de shows de reunião ou um disco de inéditas, os Rolling Stones lançaram a compilação *GRRR!* no dia 9 de novembro de 2012 na Europa, e no dia 12 de novembro do mesmo ano, no resto do mundo. Foi essa a forma encontrada pela banda para prestigiar seus cinquenta anos: fazendo uma seleção de músicas desde o começo da carreira, em 1962. O álbum, com duas versões, uma com quarenta músicas e outra com cinquenta, ainda traz duas composições inéditas: "Doom and Gloom" e "One More Shot", gravadas em agosto daquele ano.

A banda utilizou as novas tecnologias para fazer uma divulgação de peso. "Doom and Gloom" foi lançada no dia 11 de outubro de 2012 e colocada no mesmo dia no maior site de vídeos da internet, o YouTube. Darryl Jones tocou baixo e Chuck Leavell foi o responsável pelo teclado nessa música, incrementando o som dos membros oficiais dos Rolling Stones. O *riff*, a frase principal da guitarra, é tocado pelo próprio Mick Jagger.

Mesmo sendo apenas uma compilação com músicas clássicas da banda, *GRRR!* ficou em primeiro lugar nas paradas austríacas, alemãs e croatas. Nos Estados Unidos, pela Billboard 200, o disco ficou em 19º lugar, com uma recepção modesta. No Reino Unido, o álbum se saiu melhor, ficando em terceiro lugar.

★

Antes da gravação das inéditas de *GRRR!*, Mick e Keith novamente tiveram uma conversa particular em Nova York. O assunto foi a autobiografia de Keith Richards, que reacendeu as mágoas que os dois partilharam por muitos anos. Mick Jagger assumiu que deixou a banda de lado nos anos 1980 e que, dessa forma, foi autoritário com Keith e com o restante do grupo. Não se sabe ao certo o que o guitarrista falou, e nem se ele pediu desculpas pelo conteúdo publicado em seu livro escrito pelo *ghost-writer* James Fox.

A imprensa começou a especular que os Rolling Stones iriam fazer uma turnê com formações anteriores depois que Keith Richards convidou Bill Wyman e Mick Taylor para uma sessão de improvisos que aconteceria em janeiro de 2013. O evento acabou não acontecendo, e Mick Jagger ficou calado quanto a isso. No dia 12 de julho de 2012, quando a banda efetivamente completou cinco décadas, eles apenas fizeram uma sessão de fotos na frente do Marquee. A compilação foi lançada depois.

Um jornalista do *The Times* perguntou a Mick se ele poderia ceder à tentação de fazer uma autobiografia, principalmente devido ao destaque enorme que Keith Richards ganhou ao revelar suas histórias pessoais. O entrevistador não sabia que o cantor tinha tentado, sem sucesso, escrever um livro nos anos 1980. Mick Jagger deu a resposta que estampou as manchetes, de forma enfática: "Eu não quero vasculhar o meu passado".

"Eu não quero vasculhar o meu passado."

Uma turnê de retorno dos Rolling Stones está prevista para acontecer em algum momento de 2013. A banda escolheu a produtora AEG Live para promover os shows, com previsão de 5 milhões de dólares de faturamento por apresentação. Seria o retorno que os Stones precisam depois de novas brigas entre Mick e Keith.

★

As duas filhas de Mick com Jerry Hall seguiram o caminho da moda, inspiradas pela mãe. Elizabeth se parece fisicamente com sua progenitora, mas Georgia May é mais parecida com a ex-atriz e cantora francesa Brigitte Bardot quando era jovem. Jade, a filha de

Mick com Bianca Jagger, abriu sua própria empresa de design quando tinha 24 anos, em 1995. Um ano depois, ela se tornou diretora de criação da Garrards, joalheria da família real britânica que tem 160 anos de existência. Lançou sua própria linha de roupas, redesenhou o frasco de um perfume Guerlain e projetou um "salão voador" para a companhia aérea espanhola Vueling. Atualmente, Jade é casada com o DJ Dan Williams e vive no norte de Londres, sem possuir grandes ambições, segundo o jornalista Philip Norman.

Em 2010, Georgia May Jagger fez topless em uma propaganda para a marca de jeans Hudson. Em 2011, Elizabeth Jagger apareceu na revista *Playboy*. Ela já havia sido chamada anteriormente, em 2005, quando tinha apenas 21 anos. Chocado, Mick Jagger disse para ela não fazer isso. Karis, a primeira filha, foi trabalhar na área de produção televisiva e fez um programa com a mãe, Marsha Hunt.

Assim como Sean Lennon, Julian Lennon e Jakob Dylan, James Jagger é o filho de Mick que seguiu a influência do pai e decidiu trilhar o caminho da música. Ele criou uma banda chamada Turbogeist e aprendeu a tocar guitarra sem a pressão do pai, como costuma enfatizar em entrevistas. Lucas Jagger vive no Brasil, apesar de ver Mick com certa frequência.

Mick Jagger teve sete filhos, com quatro mulheres, além de inúmeras amantes.

A TURNÊ QUE DESBANCOU
A *BIGGER BANG TOUR*

Os Rolling Stones de Mick Jagger se tornaram a banda com a turnê mais lucrativa do mundo em 2007, com uma arrecadação de 558 milhões de dólares. Os londrinos seriam superados em 2011 por uma banda de Dublin muito mais nova do que eles.

Se Mick Jagger e Keith Richards criaram uma indústria permanente de fazer dinheiro e sucesso com os Stones, Bono Vox e e sua banda sofisticaram as técnicas de entretenimento com o U2.

A partir de 2009, eles iniciaram a turnê *U2 360°*, com um palco arredondado no meio dos estádios e uma estrutura metálica superior batizada de "The Claw", inspirada no Theme Building, do aeroporto de Los Angeles.

A Bigger Bang Tour teve um total de 147 shows, mais do que o U2 realizou entre 2009 e 2011. Mas, com seus 110 concertos, Bono Vox e seu grupo arrecadaram 736 milhões de dólares, ficando no topo do ranking de lucros históricos.

O que colaborou para que o U2 passasse os Stones em faturamento é a estrutura dos shows. Enquanto os Rolling Stones carregam em suas origens a veia do blues, que requer algumas apresentações em bares intercalados com apresentações em grandes arenas, a banda de Bono pensou em uma turnê que ocorresse exclusivamente em estádios e arenas. O palco da turnê para promover o disco *No Line on the Horizon*, de 2009, não funcionava em pequenas casas de show. "The Claw" foi construída praticamente para ser uma máquina de concertos, independente das estruturas locais.

Outro fator que provavelmente catapultou o U2 para competir com os Stones em faturamento e na questão do entretenimento foi o caráter filantrópico de Bono Vox. Durante a turnê da banda irlandesa, o grupo fez doações para o combate à Aids, malária e tuberculose. Estima-se que 9 milhões de euros da *U2 360°* foram destinados para a caridade.

Os Rolling Stones também já fizeram concertos filantrópicos, como a apresentação que ajudou as vítimas do 11 de setembro. No entanto, Mick Jagger não tem a mesma tradição de engajamento que Bono.

Mesmo assim, das dez maiores turnês da história, três são dos Stones: *A Bigger Bang*, em segundo lugar, *Voodoo Lounge Tour*, na oitava posição e *Licks*, no décimo lugar. Nesse quesito, os Rolling Stones rivalizam com U2, Madonna, AC/DC e The Police.

Hulton Archive/Getty Images

Da esquerda para a direita, Charlie Watts, Ron Wood, Keith Richars, Bill Wyman e Mick Jagger, em 1977.

CONCLUSÃO: OUT OF CONTROL

Quem é Mick Jagger? Qual é a sua história? Como ele formou e continua influenciando a cultura pop e o rock mundial? É o vocalista controlador dos Rolling Stones? É o descontrole em pessoa no palco? É a personificação de um rockstar, com uma vida misteriosa?

Você acabou de ler uma biografia que teve a pretensão de contar a densa história de Mick Jagger. Os capítulos tem seus títulos baseados em letras que o cantor escreveu. "Out of Control" foi uma música composta e lançada em 17 de agosto de 1997 para o disco *Bridges to Babylon*. Sua entrada lenta, guiada pela voz de Mick, parece combinar com sua personalidade, que explode com a entrada instrumental de Keith Richards e dos demais Stones. A inspiração foi uma música chamada "Papa Was a Rollin' Stone", do grupo de funk The Temptations, lançada em 1972.

Mas "Out of Control" tem outro ingrediente além da música negra. Sua letra parece falar sobre o próprio Mick Jagger, de sua relação com um passado que o cantor frequentemente quer esquecer e uma juventude que ele quer sempre cultivar, seja ficando com diversas mulheres ou absorvendo tudo o que é novo no universo do entretenimento. "Eu era jovem / Eu era babaca / Eu era nervoso /

Mick Jagger em show beneficente às vítimas do furacão Sandy, na Madison Square, em 12 de dezembro de 2012.

Kevin Mazur/WireImage

Eu era fútil / Eu era charmoso / Eu fui sortudo / Diga-me como eu mudei". A letra é um hino sobre quem é Mick Jagger.

Mick Jagger quando jovem não sabia no que iria resultar sua carreira com os Rolling Stones. Cogitou fazer a London School of Economics, pensou em ser jornalista ou até mesmo político. Poderia ter sido apenas um jovem moldado pela formação tradicional de seus pais, Joe e Eva. Mas ele acabou se desviando desse caminho graças a seu gosto musical, graças a seus discos. Apostou em um hobby de final de semana e tornou-se um dos maiores vocalistas do mundo.

Mick Jagger foi babaca porque, apesar de talentoso, colecionou mágoas de suas amadas e amantes, e cultivou a inveja de outros cantores performáticos como ele. Quando jovem, Mick criou defesas e barreiras que estão presentes até os dias de hoje. Transformou-se em uma pessoa do mercado da música, extremamente difícil de lidar em sua vida privada.

Mick Jagger foi nervoso porque nutriu um sentimento de revolta contra Keith Richards, um sentimento que não faz sentido diante das talentosas composições que os dois criaram juntos. Mick transformou Keith em seu melhor amigo e em seu maior vilão. O cantor deu um golpe de Estado para assumir o papel de líder da banda quando o guitarrista estava mergulhado na heroína, vivendo como um *junkie*. Mick foi implacável com Keith quando o guitarrista começou a desagradá-lo. Mostrou independência quando quis, mas voltou aos Rolling Stones quando a união esteve mais ameaçada.

Mick Jagger foi fútil porque seu ego quase colocou tudo a perder. Mick também não conseguiu colocar ordem em sua própria vida, e agora tem que lidar com as mágoas que Keith tornou públicas após o lançamento de seu livro.

Mas Mick também é charmoso. Graças a seu carisma nos palcos, tirou os Stones dos bares e transformou a banda em uma máquina de sucesso. Seu charme também deu origem a dois casamentos – e ajudou a destruí-los. Seu carisma criou uma família de sete filhos.

> "I was young / I was foolish / I was angry / I was vain / I was charming / I was lucky / Tell me how have I changed", no original.

Acima de todas essas coisas, Mick Jagger é um homem sortudo. Foi sortudo por ter encontrado Keith em uma estação de trem em Dartford e por ter lhe mostrado sua coleção de Chuck Berry. Mick foi sortudo por ter encontrado um guitarrista que soubesse manejar o *slide* como Brian Jones. Teve sorte ao encontrar um baterista paciente e versátil como Charlie Watts, assim como um baixista preciso como Bill Wyman. Mick também deu sorte por ter contado com o virtuosismo de Mick Taylor por um curto período. E quando tudo pareceu não dar mais certo, encontrou Ronnie Wood, que deu humor e fôlego aos Rolling Stones.

A história de Mick Jagger é um mistério, mas a história de Mick Jagger também é a história dos Rolling Stones. Mick consegue se explicar através de sua música, de suas performances no palco, diante do público. Se os Stones faziam muitos covers e versões de blues no começo de carreira, isso era em parte culpa de Mick, porque ele é, naturalmente, um intérprete de palco. Mick Jagger interpreta o personagem de si mesmo.

Philip Norman, Christopher Sandford, Christopher Andersen e Marc Spitz fizeram grandes pesquisas e trabalhos extraordinários como biógrafos de Mick Jagger, acompanhando de perto a evolução dele como performer e autor de músicas imortais como "Satisfaction". Mas, curiosa e paradoxalmente, uma das melhores pessoas para fazer a biografia do líder dos Rolling Stones hoje é, sem dúvida, Keith Richards.

"Ele é muito tímido, do modo dele. É muito engraçado dizer isso de uma das pessoas mais extrovertidas da face da Terra. O maior medo de Mick é a sua privacidade. Mick algumas vezes trata o mundo como se estivesse atacando. É sua defesa, e foi isso o que moldou seu caráter até chegar a um ponto que você mesmo não consegue entrar. Qualquer um na banda vai te dizer isso", disse Keith sobre seu amigo.

Keith tem uma visão particular de Mick, mas é a mais próxima possível. Foi ele quem ficou trancado com o cantor naquela cozinha por ordem de Andrew Oldham. Keith Richards estava lá quando Bianca Jagger foi maltratada pelo marido. O guitarrista estava no porão de Nellcôte, na França, quando ele e Mick permaneciam exilados do Reino Unido. Keith viu Mick se envolver com a música disco e com o hip-hop. Também viu Mick Jagger se casar pela segunda vez, se divorciar pela segunda vez. Keith viu o menino de Dartford se transformar em um senhor que completa setenta anos em 2013.

"Você não precisa ter um parceiro para tudo o que faz. E ter parceiros algumas vezes ajuda e em outras atrapalha. Você passa por bons e maus momentos. É simplesmente a natureza da coisa", disse Mick Jagger, sobre Keith Richards. Provavelmente foi devido a esse comportamento, presente nas composições, que os The Glimmer Twins conseguiram ficar juntos por cinquenta anos, cinco vezes mais do que John Lennon permaneceu compondo com Paul McCartney. É provavelmente a maior parceria do rock'n'roll, e uma das maiores da música internacional.

Keith Richards conseguiu enquadrar seu relacionamento com Mick em uma entrevista ao jornalista David Fricke, realizada em 17 de outubro de 2002. "[Eu sinto] algo muito profundo. O fato de que discutimos é prova disso. E o fato de eu ser filho único. Ele é uma das poucas pessoas que conheço desde minha infância. É como um irmão. E você sabe como os irmãos são, especialmente aqueles que trabalham juntos. De certo modo, precisamos provocar um ao outro, para descobrirmos os buracos e vermos se estamos juntos no barco novamente", explicou o guitarrista.

Por ser justamente Keith Richards a pessoa mais próxima e ele não ter aberto a boca sobre mais detalhes da intimidade do vocalista, é difícil que um relato consiga explorar Mick além de suas defesas contra repórteres ou até mesmo contra amigos. Mick Jagger disse uma vez ao editor Jann Wenner, da *Rolling Stone*: "Acho importante você ter ao menos um tipo de coisa interna sobre a qual não quer falar. É por isso que eu acho meio repugnante quando todas essas celebridades comentam sobre seus hábitos". Ou seja, Mick é uma celebridade que, de maneira crítica, não quer ser um tipo generalizado, mantendo o mínimo de mistério que a maioria das pessoas comuns possui.

Outros artistas homenagearam a influência de Mick em suas próprias músicas. Os rappers do Black Eyed Peas compuseram a música "The Time (Dirty Bit)", que tem o verso: "All these girls, they like my swagger / They callin' me Mick Jagger". A composição fez muito sucesso no YouTube, com mais de 10 milhões de acessos.

Mas uma das maiores homenagens veio do grupo Maroon 5, com "Moves Like Jagger". A música fez sucesso com a interpretação de Christina Aguilera e traz a letra: "Take me by the tongue / And I'll know you… I've got the moves like Jagger".

A história de Mick Jagger é a história de um cantor que, influenciado pelo pai ginasta, continua correndo e provocando o público nos palcos. Com uma mãe professora e rigorosa, ele continua com uma vontade de controlar tudo em sua volta. A história de Mick Jagger é sobre a atração sexual que existe entre o rock dos intérpretes e o público que entra em transe no show. É a história de uma música feita para jovens, que continua fresca e renovada mesmo com o passar dos anos.

São praticamente sete décadas de história de Mick Jagger, que se confundem com as cinco décadas de história dos Rolling Stones.

DISCOGRAFIA

(Músicas sem crédito são atribuídas à dupla Mick Jagger e Keith Richards.)

MICK JAGGER COM OS ROLLING STONES

The Rolling Stones
Lançado em 16 de abril de 1964, no Reino Unido

Lado A

1. Route 66 (Bobby Troup) (2:20)

2. I Just Want to Make Love to You (Willie Dixon) (2:17)

3. Honest I Do (Jimmy Reed) (2:09)

4. Mona (I Need You Baby) (Ellas McDaniel) (3:33)

5. Now I've Got a Witness (Like Uncle Phil and Uncle Gene) (Nanker Phelge) (2:29)

6. Little by Little (Phelge/Phil Spector) (2:39)

Lado B

7. I'm a King Bee (Slim Harpo) (2:35)

8. Carol (Chuck Berry) (2:33)

9. Tell Me (You're Coming Back) (4:05)

10. Can I Get a Witness (Brian Holland/Lamont Dozier/Eddie Holland) (2:55)

11. You Can Make It If You Try (Ted Jarrett) (2:01)

12. Walking the Dog (Rufus Thomas) (3:10)

The Rolling Stones: England's Newest Hit Makers

Lançado em 31 de maio de 1964, nos Estados Unidos

Lado A

1. Not Fade Away (Charles Hardin/Norman Petty) (1:48)

2. Route 66 (Bobby Troup) (2:20)

3. I Just Want to Make Love to You (Willie Dixon) (2:17)

4. Honest I Do (Jimmy Reed) (2:09)

5. Now I've Got a Witness (Nanker Phelge) (2:29)

6. Little by Little (Phelge/Phil Spector) (2:39)

Lado B

7. I'm a King Bee (Slim Harpo) (2:35)

8. Carol (Chuck Berry) (2:33)

9. Tell Me (4:05)

10. Can I Get a Witness (Brian Holland/Lamont Dozier/Eddie Holland) (2:55)

11. You Can Make It If You Try (Ted Jarrett) (2:01)

12. Walking the Dog (Rufus Thomas) (3:10)

12 X 5

Lançado em 17 de outubro de 1964, nos Estados Unidos

Lado A

1. Around and Around (Chuck Berry) (3:03)

2. Confessin' the Blues (Jay McShann/Walter Brown) (2:46)

3. Empty Heart (Nanker Phelge) (2:35)

4. Time Is on My Side (Norman Meade) (2:50)

5. Good Times, Bad Times (2:32)

6. It's All Over Now (Bobby Womack/Shirley Womack) (3:27)

Lado B

7. 2120 South Michigan Avenue (Nanker Phelge) (3:41)

8. Under the Boardwalk (Arthur Resnick/Kenny Young) (2:48)

9. Congratulations (2:28)

10. Grown Up Wrong (2:04)

11. If You Need Me (Wilson Pickett/Robert Bateman) (2:03)

12. Susie Q (Dale Hawkins/Stan Lewis/Eleanor Broadwater) (1:51)

The Rolling Stones, Now!

Lançado em 13 de fevereiro de 1965, nos Estados Unidos

Lado A

1. Everybody Needs Somebody to Love (Solomon Burke/Bert Berns/Jerry Wexler) (3:00)

2. Down Home Girl (Jerry Leiber/Arthur Butler) (4:13)

3. You Can't Catch Me (Chuck Berry) (3:40)

4. Heart of Stone (2:49)

5. What a Shame (3:06)

6. Mona (I Need You Baby) (Ellas McDaniel) (3:35)

Lado B

7. Down the Road Apiece (Don Raye) (2:56)

8. Off the Hook (2:36)

9. Pain in My Heart (Allen Toussaint) (2:12)

10. Oh Baby (We Got a Good Thing Goin') (Barbara Lynn Ozen) (2:06)

11. Little Red Rooster (Willie Dixon) (3:04)

12. Surprise, Surprise (2:29)

Out of Our Heads

Lançado em 24 de setembro de 1965, no Reino Unido

Lado A

1. She Said Yeah (Sonny Bono/Roddy Jackson) (1:34)

2. Mercy, Mercy (Don Covay/Ronnie Miller) (2:45)

3. Hitch Hike (Marvin Gaye/Clarence Paul/Mickey Stevenson) (2:25)

4. That's How Strong My Love Is (Roosevelt Jamison) (2:25)

5. Good Times (Sam Cooke) (1:58)

6. Gotta Get Away (2:06)

Lado B

7. Talkin' Bout You (Chuck Berry) (2:31)

8. Cry to Me (Bert Russell) (3:09)

9. Oh, Baby (We Got a Good Thing Going) (Barbara Lynn Ozen) (2:08)

10. Heart of Stone (2:50)

11. The Under Assistant West Coast Promotion Man (Nanker Phelge) (3:07)

12. I'm Free (2:24)

Out of Our Heads

Lançado em 2 de novembro de 1965, nos Estados Unidos

Lado A

1. Mercy Mercy (Don Covay/Ronnie Miller) (2:45)

2. Hitch Hike (Marvin Gaye/Clarence Paul/Mickey Stevenson) (2:25)

3. The Last Time (3:41)

4. That's How Strong My Love Is (Roosevelt Jamison) (2:25)

5. Good Times (Sam Cooke) (1:58)

6. I'm Alright (Bo Diddley) (Live) (2:25)

Lado B

7. (I Can't Get No) Satisfaction (3:42)

8. Cry to Me (Bert Russell) (3:09)

9. The Under Assistant West Coast Promotion Man (Nanker Phelge) (3:07)

10. Play with Fire (Phelge) (2:13)

11. The Spider and the Fly (3:39)

12. One More Try (1:58)

December's Children (And Everybody's)

Lançado em 4 de dezembro de 1965, nos Estados Unidos

Lado A

1. She Said Yeah (de *Out of Our Heads*) (Sonny Bono/Roddy Jackson) (1:34)

2. Talkin' About You (de *Out of Our Heads*) (Chuck Berry) (2:32)

3. You Better Move On (de *The Rolling Stones* EP) (Arthur Alexander) (2:41)

4. Look What You've Done (McKinley Morganfield) (2:16)

5. The Singer, Not the Song (lado B de *Get Off of My Cloud*) (2:22)

6. Route 66 (de *Got Live If You Want It!* EP) (ao vivo) (Bobby Troup) (2:39)

Lado B

7. Get Off of My Cloud (2:54)

8. I'm Free (de *Out of Our Heads*) (2:23)

9. As Tears Go By (Jagger/Richards/Andrew Loog Oldham) (2:45)

10. Gotta Get Away (de *As Tears Go By*) (2:06)

11. Blue Turns to Grey (2:30)

12. I'm Moving On (de *Got Live If You Want It!* EP) (ao vivo) (Hank Snow) (2:13)

Aftermath

Lançado em 15 de abril de 1966, no Reino Unido

Lado A

1. Mother's Little Helper (2:45)
2. Stupid Girl (2:56)
3. Lady Jane (3:08)
4. Under My Thumb (3:41)
5. Doncha Bother Me (2:41)
6. Goin' Home (11:13)

Lado B

7. Flight 505 (3:27)
8. High and Dry (3:08)
9. Out of Time (5:37)
10. It's Not Easy (2:56)
11. I Am Waiting (3:11)
12. Take It or Leave It (2:47)
13. Think (3:09)
14. What to Do (2:32)

Aftermath

Lançado em 25 de junho de 1966, nos Estados Unidos

Lado A

1. Paint It, Black (3:22)
2. Stupid Girl (2:56)
3. Lady Jane (3:08)
4. Under My Thumb (3:41)
5. Doncha Bother Me (2:41)
6. Think (3:09)

Lado B

7. Flight 505 (3:27)

8. High and Dry (3:08)

9. It's Not Easy (2:56)

10. I Am Waiting (3:11)

11. Goin' Home (11:13)

Between the Buttons

Lançado em 20 de janeiro de 1967, no Reino Unido

Lado A

1. Yesterday's Papers (2:04)

2. My Obsession (3:17)

3. Back Street Girl (3:27)

4. Connection (2:08)

5. She Smiled Sweetly (2:44)

6. Cool, Calm & Collected (4:17)

Lado B

7. All Sold Out (2:17)

8. Please Go Home (3:17)

9. Who's Been Sleeping Here? (3:55)

10. Complicated (3:15)

11. Miss Amanda Jones (2:47)

12. Something Happened to me Yesterday (4:55)

Between the Buttons

Lançado em 11 de fevereiro de 1967, no Estados Unidos

Lado A

1. Let's Spend the Night Together (3:38)

2. Yesterday's Papers (2:01)

3. Ruby Tuesday (3:16)

4. Connection (2:08)

5. She Smiled Sweetly (2:44)

6. Cool, Calm & Collected (4:17)

Lado B

7. All Sold Out (2:17)

8. My Obsession (3:20)

9. Who's Been Sleeping Here? (3:55)

10. Complicated (3:15)

11. Miss Amanda Jones (2:47)

12. Something Happened to me Yesterday (4:55)

Their Satanic Majesties Request

Lançado em 8 de dezembro de 1967

Lado A

1. Sing This All Together (3:46)

2. Citadel (2:50)

3. In Another Land (Bill Wyman) (3:15)

4. 2000 Man (3:07)

5. Sing This All Together (See What Happens) (8:33)

Lado B

6. She's a Rainbow (4:35)

7. The Lantern (4:24)

8. Gomper (5:08)

9. 2000 Light Years from Home (4:45)

10. On with the Show (3:40)

Beggars Banquet

Lançado em 6 de dezembro de 1968

Lado A

1. Sympathy for the Devil (6:18)
2. No Expectations (3:56)
3. Dear Doctor (3:28)
4. Parachute Woman (2:20)
5. Jigsaw Puzzle (6:06)

Lado B

6. Street Fighting Man (3:16)
7. Prodigal Son (Robert Wilkins) (2:51)
8. Stray Cat Blues (4:38)
9. Factory Girl (2:09)
10. Salt of the Earth (4:48)

Let It Bleed

Lançado em 5 de dezembro de 1969

Lado A

1. Gimme Shelter (4:30)
2. Love in Vain (Robert Johnson) (4:19)
3. Country Honk (3:07)
4. Live with Me (3:33)
5. Let It Bleed (5:27)

Lado B

6. Midnight Rambler (6:52)
7. You Got the Silver (2:50)
8. Monkey Man (4:11)
9. You Can't Always Get What You Want (7:30)

Sticky Fingers

Lançado em 23 de abril de 1971

Lado A

1. Brown Sugar (3:48)
2. Sway (3:50)
3. Wild Horses (5:42)
4. Can't You Hear Me Knocking (7:14)
5. You Gotta Move (Fred McDowell/Gary Davis) (2:32)

Lado B

6. Bitch (3:38)
7. I Got the Blues (3:54)
8. Sister Morphine (Jagger/Richards/Marianne Faithfull) (5:31)
9. Dead Flowers (4:03)
10. Moonlight Mile (5:56)

Exile on Main St.

Lançado em 12 de maio de 1972

Lado A

1. Rocks Off (4:31)
2. Rip This Joint (2:22)
3. Shake Your Hips (Slim Harpo) (2:59)
4. Casino Boogie (3:33)
5. Tumbling Dice (3:45)

Lado B

6. Sweet Virginia (4:27)
7. Torn and Frayed (4:17)
8. Sweet Black Angel (2:54)
9. Loving Cup (4:25)

Lado C

10. Happy (3:04)

11. Turd on the Run (2:36)

12. Ventilator Blues (Jagger/Richards/Mick Taylor) (3:24)

13. I Just Want to See His Face (2:52)

14. Let It Loose (5:16)

Lado D

15. All Down the Line (3:49)

16. Stop Breaking Down (Robert Johnson) (4:34)

17. Shine a Light (4:14)

18. Soul Survivor (3:49)

Goats Head Soup

Lançado em 31 de agosto de 1973

Lado A

1. Dancing with Mr. D (4:53)

2. 100 Years Ago (3:59)

3. Coming Down Again (5:54)

4. Doo Doo Doo Doo Doo (Heartbreaker) (3:26)

5. Angie (4:33)

Lado B

1. Silver Train (4:27)

2. Hide Your Love (4:12)

3. Winter (5:30)

4. Can You Hear the Music (5:31)

5. Star Star (4:25)

It's Only Rock'N'Roll

Lançado em 16 de outubro de 1974

Lado A

1. If You Can't Rock Me (3:46)
2. Ain't Too Proud to Beg (Norman Whitfield/Eddie Holland) (3:30)
3. It's Only Rock'N'Roll (But I Like It) (Inspirado por Ron Wood) (5:07)
4. Till the Next Goodbye (4:37)
5. Time Waits for No One (6:37)

Lado B

6. Luxury (5:00)
7. Dance Little Sister (4:11)
8. If You Really Want to Be My Friend (6:16)
9. Short and Curlies (2:43)
10. Fingerprint File (6:33)

Black and Blue

Lançado em 23 de abril de 1976

Lado A

1. Hot Stuff (5:20)
2. Hand of Fate (4:28)
3. Cherry Oh Baby (Eric Donaldson) (3:57)
4. Memory Motel (7:07)

Lado B

5. Hey Negrita (inspirado por Ron Wood) (4:59)
6. Melody (inspirado por Billy Preston) (5:47)
7. Fool to Cry (5:04)
8. Crazy Mama (4:34)

Some Girls

Lançado em 9 de junho de 1978

Lado A

1. Miss You (4:48)

2. When the Whip Comes Down (4:20)

3. Imagination (Norman Whitfield/Barrett Strong) (4:38)

4. Some Girls (4:36)

5. Lies (3:11)

Lado B

6. Far Away Eyes (4:24)

7. Respectable (3:06)

8. Before They Make Me Run (3:25)

9. Beast of Burden (4:25)

10. Shattered (3:48)

Emotional Rescue

Lançado em 20 de junho de 1980

Lado A

1. Dance (Pt. 1) (Jagger/Richards/Ronnie Wood) (4:23)

2. Summer Romance (3:16)

3. Send It to Me (3:43)

4. Let Me Go (3:50)

5. Indian Girl (4:23)

Lado B

6. Where the Boys Go (3:29)

7. Down in the Hole (3:57)

8. Emotional Rescue (5:39)

9. She's So Cold (4:12)

10. All About You (4:18)

Tattoo You

Lançado em 24 de agosto de 1981

Lado A

1. Start Me Up (3:31)
2. Hang Fire (2:20)
3. Slave (na versão remasterizada, a música tem 6:34) (4:59)
4. Little T&A (3:23)
5. Black Limousine (Jagger/Richards/Ronnie Wood) (3:32)
6. Neighbours (3:31)

Lado B

7. Worried About You (5:16)
8. Tops (3:45)
9. Heaven (4:21)
10. No Use in Crying (Jagger/Richards/Wood) (3:24)
11. Waiting on a Friend (4:34)

Undercover

Lançado em 7 de novembro de 1983

Lado A

1. Undercover of the Night (4:31)
2. She Was Hot (4:40)
3. Tie You Up (The Pain of Love) (4:16)
4. Wanna Hold You (3:52)
5. Feel on Baby (5:03)

Lado B

6. Too Much Blood (6:14)
7. Pretty Beat Up (Jagger/Richards/Ronnie Wood) (4:03)
8. Too Tough (3:52)

9. All the Way Down (3:12)

10. It Must Be Hell (5:03)

Dirty Work

Lançado em 24 de março de 1986

Lado A

1. One Hit (To the Body) (Jagger/Richards/Ronnie Wood) (4:44)

2. Fight (Jagger/Richards/Wood) (3:09)

3. Harlem Shuffle (Bob Relf/Ernest Nelson) (3:23)

4. Hold Back (3:53)

5. Too Rude (Lindon Roberts) (3:11)

Lado B

6. Winning Ugly (4:32)

7. Back to Zero (Jagger/Richards/Chuck Leavell) (4:00)

8. Dirty Work (Jagger/Richards/Wood) (3:53)

9. Had It With You (Jagger/Richards/Wood) (3:19)

10. Sleep Tonight (5:10)

11. Untitled Hidden Track (sem crédito, trecho de "Key to the Highway") (0:33)

Steel Wheels

Lançado em 29 de agosto de 1989

Lado A

1. Sad Sad Sad (3:35)

2. Mixed Emotions (4:38)

3. Terrifying (4:53)

4. Hold on to Your Hat (3:32)

5. Hearts for Sale (4:40)

6. Blinded by Love (4:37)

Lado B

7. Rock and a Hard Place (5:25)

8. Can't Be See (4:09)

9. Almost Hear You Sigh (Jagger/Richards/Steve Jordan) (4:37)

10. Continental Drift (5:14)

11. Break the Spell (3:06)

12. Slipping Away (4:29)

Voodoo Lounge

Lançado em 11 de julho de 1994

Lado A

1. Love Is Strong (3:46)

2. You Got Me Rocking (3:40)

3. Sparks Will Fly (3:15)

Lado B

4. The Worst (2:25)

5. New Faces (2:50)

6. Moon Is Up (3:41)

7. Out of Tears (5:25)

Lado C

8. I Go Wild (4:23)

9. Brand New Car (4:13)

10. Sweethearts Together (4:45)

11. Suck on the Jugular (4:26)

Lado D

12. Blinded by Rainbows (4:33)

13. Baby Break It Down (4:08)

14. Thru and Thru (6:00)

15. Mean Disposition (4:09)

Bridges to Babylon

Lançado em 29 de setembro de julho de 1997

1. Flip the Switch (3:28)
2. Anybody Seen My Baby? (Jagger/Richards/k.d. lang/Ben Mink) (4:31)
3. Low Down (4:26)
4. Already Over Me (5:24)
5. Gunface (5:02)
6. You Don't Have to Mean It (3:44)
7. Out of Control (4:43)
8. Saint of Me (5:14)
9. Might as Well Get Juiced (5:23)
10. Always Suffering (4:43)
11. Too Tight (3:33)
12. Thief in the Night (Jagger/Richards/Pierre de Beauport) (5:15)
13. How Can I Stop (6:53)

A Bigger Bang

Lançado em 5 de setembro de julho de 2005

1. Rough Justice (3:11)
2. Let Me Down Slow (4:16)
3. It Won't Take Long (3:54)
4. Rain Fall Down (4:53)
5. Streets of Love (5:10)
6. Back of My Hand (3:32)
7. She Saw Me Coming (3:16)
8. Biggest Mistake (4:06)
9. This Place Is Empty (3:12)

10. Oh No, Not You Again (3:46)

11. Dangerous Beauty (3:48)

12. Laugh, I Nearly Died (4:54)

13. Sweet Neo Con (4:33)

14. Look What the Cat Dragged In (3:57)

15. Driving Too Fast (3:56)

16. Infamy (3:47)

GRRR!

Lançado em 12 de novembro de 2012

Disco 1

1. Come On (Chuck Berry)

2. Not Fade Away (Charles Hardin/Norman Petty)

3. It's All Over Now (Bobby Womack/Shirley Jean Womack)

4. Little Red Rooster (Willie Dixon)

5. The Last Time

6. (I Can't Get No) Satisfaction

7. Time Is on My Side (Jerry Ragovoy)

8. Get Off of My Cloud

9. Heart of Stone

10. 19th Nervous Breakdown

11. As Tears Go By (Jagger/Richards/Andrew Loog Oldham)

12. Paint It, Black

13. Under My Thumb

14. Have You Seen Your Mother, Baby, Standing in the Shadow?

15. Ruby Tuesday

16. Let's Spend the Night Together

17. We Love You

Disco 2

1. Jumpin' Jack Flash
2. Honky Tonk Women
3. Sympathy for the Devil
4. You Can't Always Get What You Want
5. Gimme Shelter
6. Street Fighting Man
7. Wild Horses
8. She's a Rainbow
9. Brown Sugar
10. Happy
11. Tumbling Dice
12. Angie
13. Rocks Off
14. Doo Doo Doo Doo Doo (Heartbreaker)
15. It's Only Rock'N'Roll (But I Like It)
16. Fool to Cry

Disco 3

1. Miss You
2. Respectable
3. Beast of Burden
4. Emotional Rescue
5. Start Me Up
6. Waiting on a Friend
7. Undercover of the Night
8. She Was Hot
9. Streets of Love
10. Harlem Shuffle (Earnest Nelson/Robert Relf)
11. Mixed Emotions

12. Highwire

13. Love Is Strong

14. Anybody Seen My Baby? (Jagger/Richards/k.d. lang/Ben Mink)

15. Don't Stop

16. Doom and Gloom

17. One More Shot

MICK JAGGER EM CARREIRA SOLO

She's the Boss

Lançado em 19 de fevereiro de 1985

1. Lonely at the Top (3:47)

2. 1/2 a Loaf (Mick Jagger) (4:59)

3. Running Out of Luck (Mick Jagger) (4:15)

4. Turn the Girl Loose (Mick Jagger) (3:53)

5. Hard Woman (Mick Jagger) (4:24)

6. Just Another Night (Mick Jagger) (5:15)

7. Lucky in Love (Mick Jagger/Carlos Alomar) (6:13)

8. Secrets (Mick Jagger) (5:02)

9. She's the Boss (Mick Jagger/Carlos Alomar) (5:15)

Primitive Cool

Lançado em 14 de setembro de 1987

1. Throwaway (Mick Jagger) (5:03)

2. Let's Work (Mick Jagger/David A. Stewart) (4:50)

3. Radio Control (Mick Jagger) (3:56)

4. Say You Will (Mick Jagger/David A. Stewart) (5:07)

5. Primitive Cool (Mick Jagger) (5:50)

6. Kow Tow (Mick Jagger/David A. Stewart) (4:55)

7. Shoot off Your Mouth (Mick Jagger) (3:35)

8. Peace for the Wicked (Mick Jagger) (4:02)

9. Party Doll (Mick Jagger) (5:20)

10. War Baby (Mick Jagger) (6:39)

Wandering Spirit

Lançado em 8 de fevereiro de 1993

1. Wired All Night (Mick Jagger) (4:05)

2. Sweet Thing (Mick Jagger) (4:19)

3. Out of Focus (Mick Jagger) (4:36)

4. Don't Tear Me Up (Mick Jagger) (4:11)

5. Put Me in the Trash (Mick Jagger/Jimmy Ripp) (3:35)

6. Use Me (Bill Withers) (4:28)

7. Evening Gown (Mick Jagger) (3:33)

8. Mother of a Man (Mick Jagger) (4:18)

9. Think" (Lowman Pauling) (2:59)

10. Wandering Spirit (Mick Jagger/Jimmy Ripp) (4:18)

11. Hang On to Me Tonight (Mick Jagger) (4:37)

12. I've Been Lonely for So Long (Posie Knight/Jerry Weaver) (3:29)

13. Angel in My Heart (Mick Jagger) (3:24)

14. Handsome Molly (tradicional) (Mick Jagger) (2:06)

Goddess in the Doorway

Lançado em 19 de novembro de 2001

1. Visions of Paradise (Jagger/Rob Thomas/Matt Clifford) (4:02)

2. Joy (Jagger/Bono) (4:41)

3. Dancing in the Starlight (Mick Jagger) (4:06)

4. God Gave Me Everything (Jagger/Lenny Kravitz) (3:34)

5. Hide Away (Mick Jagger) (4:31)

6. Don't Call Me Up (Mick Jagger) (5:14)

7. Goddess in the Doorway (Jagger/Clifford) (4:56)

8. Lucky Day (Mick Jagger) (4:51)

9. Everybody Getting High (Mick Jagger) (3:55)

10. Gun (Jagger/Clifford) (4:39)

11. Too Far Gone (Mick Jagger) (4:34)

12. Brand New Set of Rules (Mick Jagger) (7:39)

Inclui uma faixa escondida, com música ambiente

Alfie (trilha-sonora do filme)

Lançado em 18 de outubro de 2004

1. Old Habits Die Hard (Mick Jagger/David A. Stewart Backing, voz de Kaya Jones e Katy Perry) (4:27)

2. Blind Leading the Blind (versão acústica ao vivo) (Mick Jagger/David A. Stewart) (5:57)

3. New York Hustle (Mick Jagger/David A. Stewart) (2:43)

4. Let's Make It Up (Mick Jagger/David A. Stewart) (4:28)

5. Wicked Time (Joss Stone/Nadirah "Nadz" Seid, com Mick Jagger) (4:17)

6. Lonely Without You (This Christmas) (Mick Jagger/Joss Stone) (2:37)

7. Darkness of Your Love (Gary "Mudbone" Cooper/David A. Stewart) (3:41)

8. Jack the Lad (Mick Jagger/David A. Stewart) (3:17)

9. Oh Nikki (Mick Jagger/David A. Stewart) (1:13)

10. Blind Leading the Blind"(Mick Jagger/David A. Stewart) (4:27)

11. Standing in the Rain (Mick Jagger/David A. Stewart) (3:28)

12. Counting the Days (Mick Jagger/David A. Stewart) (3:12)

13. Old Habits Reprise (Mick Jagger/David A. Stewart) (2:11)

14. Alfie (Joss Stone) (4:20)

15. Old Habits Die Hard (Mick Jagger/David A. Stewart, com Sheryl Crow) (4:27)

The Very Best of Mick Jagger

Lançado em 1º de outubro de 2007

1. God Gave Me Everything (Mick Jagger/Lenny Kravitz) (3:32) (2001)

2. Put Me in the Trash (Mick Jagger/Jimmy Rip) (3:34) (1993)

3. Just Another Night (Mick Jagger) (5:15) (1985)

4. Don't Tear Me Up (Mick Jagger) (4:12) (1993)

5. Charmed Life (Mick Jagger) (3:35) (1992 & 2007)

6. Sweet Thing (Mick Jagger) (4:18) (1993)

7. Old Habits Die Hard (Mick Jagger/David A. Stewart) (4:24) (2004)

8. Dancing in the Street (com David Bowie) (Marvin Gaye/Ivory Joe Hunter/William "Mickey" Stevenson) (3:18) (1985)

9. Too Many Cooks (Spoil the Soup) (Angelo Bond/Ronald Dunbar/Edith Wayne) (4:04) (1973)

10. Memo from Turner (Jagger/Keith Richards) (4:03) (1970)

11. Lucky in Love (Jagger/Carlos Alomar) (5:02) (1985)

12. Let's Work (Jagger/David A. Stewart) (4:44) (1987)

13. Joy (Jagger/Bono) (4:40) (2001)

14. Don't Call Me Up (Mick Jagger) (5:13) (2001)

15. Checkin' Up on My Baby (Sonny Boy Williamson II) (3:21) (1992)

16. (You Got To Walk And) Don't Look Back (Smokey Robinson/Ronnie White) (5:17) (1978)

17. Evening Gown (Mick Jagger) (3:32) (1993)

MICK JAGGER COM O SUPERHEAVY

SuperHeavy

Lançado em 19 de setembro de 2011

1. SuperHeavy (Mick Jagger/Damian Marley/Joss Stone/Dave Stewart/A. R. Rahman) (5:05)

2. Unbelievable (Jagger/Marley/Stone/Stewart/Rahman) (3:50)

3. Miracle Worker (Jagger/Marley/Stone/Stewart/Rahman) (4:09)

4. Energy (Jagger/Marley/Stone/Stewart) (3:42)

5. Satyameva Jayathe (Rahman/Marley/Stone) (4:07)

6. One Day One Night (Jagger/Marley/Stone/Stewart/Rahman) (4:37)

7. Never Gonna Change (Jagger/Stewart) (4:23)

8. Beautiful People (Jagger/Marley/Stone/Stewart/Rahman) (5:00)

9. Rock Me Gently (Marley/Stone/Stewart) (6:00)

10. I Can't Take It No More (Mick Jagger) (3:21)

11. I Don't Mind (Jagger/Marley/Stone/Stewart) (4:59)

12. World Keeps Turning (Jagger/Marley/Stone/Stewart) (3:43)

FORMAÇÕES DOS ROLLING STONES

Há músicos que não estão na formação oficial, mas acompanharam os Rolling Stones de maneira fixa, como o baixista Darryl Jones, que substituiu Bill Wyman.

Entre 1964 e 1968

Mick Jagger (vocais, maracas, gaita, guitarra e percussão)

Keith Richards (guitarra e vocais)

Brian Jones (guitarra, gaita, melotron, guitarra *slide*, percussão, órgão e vocais)

Charlie Watts (bateria e percussão)

Bill Wyman (contrabaixo e vocais)

Em 1969

Mick Jagger (vocais, maracas, gaita, guitarra e percussão)

Keith Richards (guitarra e vocais)

Brian Jones (guitarra, gaita, melotron, guitarra *slide*, percussão, órgão e vocais)

Mick Taylor (guitarra e guitarra *slide*)

Charlie Watts (bateria e percussão)

Bill Wyman (contrabaixo e vocais)

Entre 1970 e 1974

Mick Jagger (vocais, maracas, gaita, guitarra e percussão)

Keith Richards (guitarra e vocais)

Mick Taylor (guitarra e guitarra *slide*)

Charlie Watts (bateria e percussão)

Bill Wyman (contrabaixo e vocais)

Entre 1974 e 1991

Mick Jagger (vocais, maracas, gaita, guitarra e percussão)

Keith Richards (guitarra e vocais)

Ronnie Wood (guitarra)

Charlie Watts (bateria e percussão)

Bill Wyman (contrabaixo, sintetizador e vocais)

De 1991 até hoje

Mick Jagger (vocais, maracas, gaita, guitarra e percussão)

Keith Richards (guitarra e vocais)

Ronnie Wood (guitarra)

Charlie Watts (bateria e percussão)

REFERÊNCIAS

LIVROS

ANDERSEN, Christopher. *Mick: The Wild Life and Mad Genius of Jagger*. Gallery Books, 2012.

FOX, James. RICHARDS, Keith. *Vida [Life]*. Editora Globo, 2010.

JAGGER, Mick; RICHARDS, Keith; WATTS, Charlie; WOOD, Ronnie. *The Rolling Stones 50*. Hyperion, 2012.

NORMAN, Philip. *Mick Jagger*. Companhia das Letras, 2012.

SANDFORD, Christopher. *Mick Jagger: Primitive Cool*. St. Martins Press, 1999.

SANDFORD, Christopher. *Mick Jagger: Rebel Knight*. Omnibus Press, 2003.

SCADUTO, Tony. *Mick Jagger: Everybody's Lucifer*. Tolmitch Ebooks, 1974.

SPITZ, Marc. *Jagger: Rebel, Rock Star, Rambler, Rogue*. Gotham, 2011.

WENNER, Jann S.; LEVY, Joey. *As melhores entrevistas da revista* Rolling Stone. Larousse, 2008.

WINKLER, Willi. *Mick Jagger e os Rolling Stones*. Larousse do Brasil, 2010.

FILMES

The Rolling Stones – Charlie is my Darling, de 1965. Documentário dirigido por Peter Whitehead e Mick Gochanour.

Shine a Light, de 2008. Documentário dirigido por Martin Scorsese.

Da esquerda para a direita, Charlie Watts, Keith Richards, Ronnie Wood e Mick Jagger comemoram os cinquenta anos da banda, em 2012.

Este livro foi composto nas fontes Alégre Sans, Bembo e Calibri
e impresso em papel Offset 90g/m² na Assahi.